# O VOTO BODHISATTVA

## Ordem sugerida, para iniciantes, de estudo ou de leitura dos livros de Venerável Geshe Kelsang Gyatso Rinpoche

Como Transformar a sua Vida
Como Entender a Mente
Caminho Alegre da Boa Fortuna
O Espelho do Dharma com Adições
Novo Coração de Sabedoria
Budismo Moderno
Solos e Caminhos Tântricos
Novo Guia à Terra Dakini
Essência do Vajrayana
As Instruções Orais do Mahamudra
Grande Tesouro de Mérito
Novo Oito Passos para a Felicidade
Introdução ao Budismo
Como Solucionar Nossos Problemas Humanos
Contemplações Significativas
O Voto Bodhisattva
Compaixão Universal
Novo Manual de Meditação
Viver Significativamente, Morrer com Alegria
Oceano de Néctar
Joia-Coração
Clara-Luz de Êxtase
Mahamudra-Tantra

Este livro é publicado sob os auspícios do
**Projeto Internacional de Templos da NKT-IKBU**,
e o lucro recebido com a sua venda está direcionado para
benefício público através desse fundo.
[Reg. Charity number 1015054 (England)]
Para mais informações:
tharpa.com/br/beneficie-todos

Venerável Geshe Kelsang
Gyatso Rinpoche

# O Voto Bodhisattva

## UM GUIA PRÁTICO PARA AJUDAR OS OUTROS

3ª edição

EDITORA THARPA
BRASIL • PORTUGAL

São Paulo, 2021

Primeira edição em língua inglesa em 1991.
Segunda edição, revista, em língua inglesa em 1995.

Primeira edição em língua portuguesa em 1997.
Segunda edição em língua portuguesa em 2005.
Terceira edição em língua portuguesa em 2021.

Título original:
The Bodhisattva Vow – A Practical Guide to Helping Others

Tradução do original autorizada pelo autor

**Tradução, Revisão e Diagramação** Editora Tharpa

Design da capa: NTK-UBKI 2020

ISBN 978-65-86468-18-2 – brochura
ISBN 978-65-86468-19-9 – ePub
ISBN 978-65-86468-17-5 – kindle

Dados Internacionais de Catalogação na Publicação (CIP)

Kelsang, Gyatso (Geshe), 1931-
**O voto bodhisattva: um guia prático para ajudar os outros** /
Geshe Kelsang Gyatso; tradução Editora Tharpa - 3. ed. - São
Paulo: Editora Tharpa, 2021.
196p.

Título original em inglês: The bodhisattva vow - a practical
guide to helping others

ISBN 978-65-86468-18-2

1. Budismo 2. Carma 3. Meditação I. Título.
05-9278 CDD-294.3

Índices para catálogo sistemático:
1. Budismo: Religião 294.3

2021

EDITORA THARPA BRASIL
Rua Artur de Azevedo 1360
05404-003 - São Paulo, SP
Fone: +55 11 3476-2328
www.tharpa.com/br

EDITORA THARPA PORTUGAL
Rua Moinho do Gato, 5
2710-661 - Várzea de Sintra, Sintra
Fone: +351 219 231 064
www.tharpa.pt

# Sumário

# Ilustrações

As legendas sob as ilustrações fornecem uma descrição das cores dos Trinta e Cinco Budas Confessionais, o que eles seguram, o nome de sua Terra Pura e o que eles purificam, de acordo com a prática *A Confissão Bodhisattva das Quedas Morais*, no capítulo *Um Método para Purificar Quedas Morais.*

# *Nota do Tradutor*

As palavras de origem sânscrita e tibetana, como *Bodhichitta*, *Bodhisattva*, *Dharma*, *Geshe*, *Sangha* etc., foram grafadas como aparecem na edição original deste livro, em língua inglesa, em respeito ao trabalho de transliteração previamente realizado e por evocarem a pureza das línguas originais das quais procedem.

Em alguns casos, contudo, optou-se por aportuguesar as palavras já assimiladas à língua portuguesa (Buda, Budeidade, Budismo, carma) em vez de escrevê-las de acordo com a sua transliteração (*Buddha*, *karma*).

# *Agradecimentos*

Mais uma vez, agradecemos profundamente ao Venerável Geshe Kelsang Gyatso Rinpoche, o autor de *O Voto Bodhisattva*, pela sua inesgotável grande bondade por escrever este livro para os estudantes de Dharma ao redor do mundo. Que possamos continuar a merecer, ao longo do caminho espiritual e por muito tempo, a orientação experiente deste realizado autor.

Agradecemos também a todos os dedicados estudantes seniores de Dharma que auxiliaram o autor a estabelecer a versão para a língua inglesa e que prepararam o manuscrito final para publicação.

Pelos méritos criados ao produzir esta obra, que todos os seres vivos encontrem a felicidade que buscam.

*Roy Tyson,*
*Diretor Administrativo,*
*Manjushri Kadampa Meditation Centre,*
*Julho de 1995*

# *Introdução*

**O ASSUNTO DESTE** livro é a disciplina moral do Bodhisattva. O termo sânscrito "Bodhisattva" é o nome dado a alguém que, motivado por grande compaixão, gerou a bodhichitta, a qual é um desejo espontâneo de alcançar a Budeidade para o benefício de todos os seres vivos. Visto que todos têm as sementes de grande compaixão e bodhichitta em seu *continuum* mental e que todos podem, em algum momento, encontrar um professor de Dharma mahayana, é possível, para todas as pessoas, tornar-se um Bodhisattva por meio de treinar os ensinamentos mahayana.

A disciplina moral de um Bodhisattva é uma disciplina moral superior e é o caminho principal que conduz à felicidade última da grande iluminação. Em geral, disciplina moral é uma determinação virtuosa de abandonar qualquer ação não-virtuosa. Por exemplo, se, por perceber as desvantagens de matar, roubar ou da má conduta sexual, tomarmos uma firme decisão de nos abstermos de tais ações, isto é disciplina moral. De modo semelhante, a determinação de nos abstermos das ações de mentir, discurso divisor, discurso ofensivo, conversa não-significativa, cobiça, maldade e de sustentar visões errôneas também é disciplina moral.

No *Sutra Pratimoksha*, Buda diz que seria melhor para nós morrer do que quebrar a nossa disciplina moral, pois a morte destrói apenas esta vida, ao passo que quebrar a nossa disciplina moral destrói a nossa oportunidade de experienciar felicidade em muitas vidas futuras e nos condena a experienciar repetidamente os sofrimentos dos renascimentos inferiores.

**_Buda Shakyamuni_**

*O seu corpo é de cor dourada. A mão direita toca a terra, e a esquerda, no mudra do equilíbrio meditativo, segura uma vasilha repleta com néctar. Habita este mundo, o Mundo do Não-Esquecer, e purifica todas as ações negativas acumuladas em 10 mil éons*

Nos países budistas, a disciplina moral é considerada como algo muito importante, e é por isso que monges e monjas são muito respeitados. No entanto, não são somente os monges e monjas que precisam praticar disciplina moral; todos precisam praticá-la, porque ela é a raiz de toda a felicidade futura. Se ignorarmos a prática de disciplina moral, ainda que sejamos um erudito, as nossas atividades espirituais não terão êxito e experienciaremos muitos problemas no futuro. Por outro lado, se observarmos conscienciosamente disciplina moral, poderemos solucionar todos os nossos problemas humanos e completar as nossas práticas espirituais.

A prática de disciplina moral é a causa principal de renascer como um ser humano. Se praticarmos generosidade sem disciplina moral, experienciaremos alguns bons resultados no futuro, mas não em um corpo humano. Por exemplo, poderemos renascer como um gato de estimação ou um cão que é muito bem cuidado pelo dono. A razão pela qual alguns animais recebem grandes cuidados dos seres humanos é que eles praticaram generosidade em vidas passadas, mas a razão pela qual tiveram um renascimento inferior é que quebraram a sua disciplina moral em vidas passadas.

Se, com a motivação de obter felicidade humana, praticarmos disciplina moral por meio de abandonar ações negativas como matar, esta disciplina moral nos protegerá de um renascimento inferior e será a causa para renascermos como um ser humano no futuro. Se praticarmos disciplina moral com um desejo sincero de alcançar a nossa própria libertação ou a plena iluminação para o benefício de todos os seres vivos, ela será uma disciplina moral superior. Há três tipos de disciplina moral superior: a disciplina moral pratimoksha, a disciplina moral bodhisattva e a disciplina moral tântrica. Estes tipos de disciplina moral diferenciam-se pela motivação com a qual são praticadas e as quedas morais específicas às quais se opõem. A disciplina moral pratimoksha é motivada principalmente pela aspiração de alcançar a libertação pessoal; a disciplina moral bodhisattva, principalmente pela bodhichitta; e a disciplina moral tântrica, principalmente pela bodhichitta especial tântrica.

**Completo Subjugador com a Essência do Vajra**

*O seu corpo é de cor azul. Ambas as mãos estão no mudra do equilíbrio meditativo e seguram um vajra. Habita o Mundo Essência do Espaço, acima deste mundo, e purifica todas as ações negativas acumuladas em 10 mil éons*

Nem toda prática de disciplina moral implica tomar votos. Por exemplo, se compreendermos as muitas falhas de matar e, como resultado, tomarmos a firme decisão de nos abstermos de matar, estaremos praticando disciplina moral, mesmo que não tenhamos tomado um voto. Um voto é uma determinação virtuosa de abandonar falhas específicas que é gerada em associação com um ritual tradicional. Assim como há três tipos de disciplina moral, também há três tipos de voto: os votos pratimoksha, os votos bodhisattva e os votos tântricos.

*Pratimoksha* significa *libertação pessoal* e, portanto, o voto pratimoksha é um voto que é motivado, principalmente, pelo desejo de alcançar a libertação pessoal. Há oito tipos de voto pratimoksha:

(1) Votos *nyen-nay* – votos de ordenação de um dia;
(2) Votos *genyenma* – votos de uma mulher leiga;
(3) Votos *genyenpa* – votos de um homem leigo;
(4) Votos *getsulma* – votos de uma monja noviça;
(5) Votos *getsulpa* – votos de um monge noviço;
(6) Votos *gelobma* – votos preliminares tomados antes de se tornar uma monja plenamente ordenada;
(7) Votos *gelongma* – votos de uma monja plenamente ordenada;
(8) Votos *gelongpa* – votos de um monge plenamente ordenado.

Os três primeiros votos são votos leigos, e os cinco restantes são votos de ordenação. Buda deu instruções extensas sobre a disciplina moral pratimoksha e os votos pratimoksha nos *Sutras Vinaya*.

Este livro ocupa-se, principalmente, dos votos bodhisattva. No *Guia do Estilo de Vida do Bodhisattva*, Shantideva aconselha aqueles que desejam conhecer os votos bodhisattva que estudem primeiro o *Sutra Akashagarbha* e, depois, para uma explicação mais detalhada acerca das práticas diárias de um Bodhisattva, que leiam *Compêndio de Treinos*. Shantideva explica que aqueles que tomaram os votos bodhisattva devem saber quais são as quedas morais raízes e secundárias, como impedir que os votos se degenerem, como purificar quedas morais e como completar a prática dos votos bodhisattva. Tudo isso está explicado neste livro.

Uma vez que tenhamos tomado os votos bodhisattva, devemos nos esforçar para impedir que se degenerem, por meio de tomá-los várias vezes ao dia, e então evitar incorrer nas quedas morais raízes e secundárias através de confiar em contínua-lembrança (*mindfulness*), vigilância e conscienciosidade.

Há quatro causas principais de degeneração dos votos pratimoksha, bodhisattva ou tântricos, que são conhecidas como "as quatro portas receptoras de quedas morais". Estas quatro portas são: não conhecer quais são as quedas morais, falta de respeito pelas instruções de Buda, fortes delusões e anticonscienciosidade.

Para fechar a primeira porta, devemos aprender quais são as quedas morais e como incorremos nelas. Isto pode ser feito através de ouvirmos ensinamentos sobre o assunto ou lermos comentários autênticos, como as instruções dadas adiante.

Para fechar a segunda porta, devemos tentar superar o desrespeito por meio de contemplar o seguinte:

> *Visto que Buda é onisciente – ele conhece todos os fenômenos passados, presentes e futuros simultânea e diretamente – e visto que tem grande compaixão por todos os seres vivos sem exceção, não há razão válida para desenvolver desrespeito pelos seus ensinamentos. É unicamente devido à ignorância que eu, às vezes, não acredito neles.*

Para fechar a terceira porta, devemos tentar subjugar as nossas fortes delusões por meio de praticar as meditações descritas no livro *Novo Manual de Meditação*. Se, por praticarmos o Lamrim, formos capazes de manter sempre boas intenções, como amor, compaixão e bodhichitta, não haverá base para incorrermos nas quedas morais pratimoksha ou bodhisattva; e se, por praticarmos o estágio de geração e o estágio de conclusão, superarmos as aparências comuns e concepções comuns, não haverá base para incorrermos nas quedas morais tântricas.

Podemos fechar a quarta porta, anticonscienciosidade, através de recordarmos repetidamente as desvantagens de incorrermos em quedas morais e as vantagens da disciplina moral pura. Deste modo, iremos nos tornar mais conscienciosos.

Em resumo, o método para impedir que os nossos votos se degenerem é treinar renúncia, bodhichitta, a visão correta da vacuidade, o estágio de geração e o estágio de conclusão. Por praticá-los sinceramente, superaremos as nossas atitudes comuns e controlaremos a nossa mente, removendo, assim, qualquer base para quedas morais.

***Joia de Luz Radiante***

*O seu corpo é de cor branca. A mão direita segura um vajra, e a esquerda, no mudra do equilíbrio meditativo, um sol. Habita o Mundo Adornado com Joias, a leste, e purifica todas as ações negativas acumuladas em 25 mil éons*

# *Receber os Votos Bodhisattva*

**Segue-se agora uma** explicação sobre os métodos para receber e manter os votos bodhisattva, bem como para concluir os votos e os treinos de um Bodhisattva.

## O MÉTODO PARA RECEBER E MANTER OS VOTOS BODHISATTVA

O propósito principal de praticar o Mahayana é alcançar a Budeidade para beneficiar todos os seres vivos. Para realizar este objetivo, precisamos primeiro gerar a bodhichitta e, então, adotar o estilo de vida do Bodhisattva por meio de receber e manter os votos bodhisattva.

A bodhichitta que geramos antes de tomar os votos bodhisattva é denominada "bodhichitta aspirativa". Ela é uma mente que aspira alcançar a iluminação para o benefício dos outros, mas que ainda não está comprometida com as práticas efetivas do treino de um Bodhisattva. A bodhichitta aspirativa é como alguém que planeja ir a um lugar, mas que ainda não iniciou a viagem. Após tomarmos os votos bodhisattva, a nossa bodhichitta transforma-se na *bodhichitta de compromisso*. Ela é uma mente que está efetivamente empenhada nas práticas que conduzem à destinação final, a Budeidade.

Primeiro, precisamos receber os votos bodhisattva de um Guia Espiritual qualificado. Uma vez que os tenhamos recebido em uma cerimônia, podemos tomá-los por conta própria a qualquer momento e com a frequência que desejarmos. Quando o fizermos, devemos visualizar o Campo para Acumular Mérito à nossa frente e repetir três vezes a promessa de manter a disciplina moral de um Bodhisattva e de evitar todas as quedas morais por meio de nos dedicarmos à prática das seis perfeições. Podemos renovar ou fortalecer essa promessa através da prática que se segue.

## TOMAR OS VOTOS DE REFÚGIO

Começamos por considerar os benefícios de buscar refúgio:

(1) *Tornamo-nos um budista puro;*
(2) *Estabelecemos a fundação para tomar todos os demais votos;*
(3) *Purificamos o carma negativo que acumulamos no passado;*
(4) *Acumulamos diariamente uma vasta quantidade de mérito;*
(5) *Somos impedidos de cair para os reinos inferiores;*
(6) *Somos protegidos de danos e males infligidos por humanos e não-humanos;*
(7) *Realizamos todos os nossos desejos temporários e últimos;*
(8) *Alcançamos rapidamente a plena iluminação da Budeidade.*

Por contemplar esses benefícios, geramos uma forte determinação ou promessa de buscar refúgio nas Três Joias até alcançarmos a iluminação. Recitamos então a seguinte prece três vezes:

*Eu e todos os seres sencientes, até alcançarmos a iluminação,*
*Nos refugiamos em Buda, Dharma e Sangha.*

Isto é como um recipiente puro, no qual verteremos agora o néctar dos votos bodhisattva.

## GERAR BODHICHITTA

Começamos por considerar os benefícios da bodhichitta:

(1) *Ingressamos pela porta que conduz ao Mahayana;*
(2) *Tornamo-nos um Filho, ou Filha, dos Budas;*
(3) *Superamos os Ouvintes e Realizadores Solitários;*
(4) *Tornamo-nos dignos de receber oferendas e prostrações de humanos e deuses;*
(5) *Acumulamos facilmente uma vasta quantidade de mérito;*
(6) *Destruímos rapidamente poderosas negatividades;*
(7) *Realizamos todos os nossos desejos;*
(8) *Ficamos livres de danos e males causados por espíritos e assim por diante;*
(9) *Alcançamos todos os solos e caminhos espirituais;*
(10) *Adquirimos um estado mental que é a fonte de paz e felicidade para todos os seres.*

Por contemplar esses benefícios, geramos uma forte determinação ou promessa de alcançar a Budeidade para o benefício de todos os seres vivos. Enquanto nos concentramos nesta determinação, recitamos a seguinte prece três vezes:

*Pelas virtudes que coleto, praticando o dar e as outras perfeições,*
*Que eu me torne um Buda para o benefício de todos.*

## MANTER A BODHICHITTA ASPIRATIVA POR MEIO DE RITUAL

Para impedir que a nossa bodhichitta se degenere, fazemos a seguinte promessa três vezes:

*Deste momento em diante, até que eu me torne um Buda,*
*Manterei, mesmo à custa da minha vida,*
*A mente que deseja alcançar a completa iluminação*
*Para libertar todos os seres vivos dos medos do samsara e da paz solitária.*

Deste modo, prometemos observar os oito preceitos da bodhichitta aspirativa. Eles podem ser encontrados no Apêndice II. Uma explicação desses preceitos pode ser encontrada no livro *Novo Oito Passos para a Felicidade.*

## RECEBER OS VOTOS BODHISATTVA

Somente conseguiremos cumprir os dois objetivos da nossa bodhichitta, que são alcançar a Budeidade e conduzir todos os demais seres a esse estado de felicidade última, se nos dedicarmos aos treinos do Bodhisattva – a prática das seis perfeições – e evitarmos as quedas morais raízes e secundárias dos votos bodhisattva. Compreendendo isso, geramos uma forte determinação ou promessa de nos empenharmos na prática das seis perfeições e de evitarmos as quedas morais raízes e secundárias. Enquanto nos concentramos nesta determinação, recitamos a seguinte prece ritual três vezes:

*Ó Gurus, Budas e Bodhisattvas,*
*Por favor, ouvi o que agora direi.*
*Assim como todos os anteriores Sugatas, os Budas,*
*Geraram a mente de iluminação – a bodhichitta –*
*E concluíram todas as etapas*
*Do treino do Bodhisattva,*
*Também eu, para o benefício de todos os seres,*
*Vou gerar a mente de iluminação*
*E concluir todas as etapas*
*Do treino do Bodhisattva.*

## MANTER ALEGRIA E CONSCIENCIOSIDADE

Para que possamos concluir a nossa prática dos votos bodhisattva, geramos e mantemos um sentimento de alegria e conscienciosidade, enquanto recitamos as seguintes duas estrofes:

*Minha vida agora gerou magnífico fruto,*
*Minha vida humana alcançou extraordinário significado;*
*Hoje eu nasci na linhagem de Buda*
*E tornei-me um Bodhisattva.*

*Todas as minhas ações, a partir de agora,*
*Estarão de acordo com essa nobre linhagem;*
*E a essa linhagem, pura e impecável,*
*Eu nunca trarei desonra.*

Buscar refúgio nas Três Joias e manter os compromissos de refúgio são o fundamento dos votos bodhisattva, e abster-se das quedas morais raízes e secundárias é a prática efetiva dos votos bodhisattva.

***Poderoso Rei dos Nagas***

*O seu corpo é de cor azul. A mão direita segura uma Árvore Naga, e a esquerda, no mudra do equilíbrio meditativo, uma cobra. Habita o Mundo Permeado por Nagas, a sudeste, e purifica todas as ações negativas acumuladas em oito éons*

# *As Quedas Morais dos Votos Bodhisattva*

## O MÉTODO PARA CONCLUIR OS VOTOS E OS TREINOS DE UM BODHISATTVA

Ao receber os votos bodhisattva, prometemos nos empenhar nos treinos de um Bodhisattva, os quais estão todos incluídos nas seis perfeições. As seis perfeições são a estrada para a iluminação, e as quedas morais dos votos bodhisattva são os obstáculos principais nesse caminho. Portanto, agora que tomamos os votos, precisamos enfatizar duas práticas principais: evitar as quedas morais dos votos bodhisattva e praticar as seis perfeições. Essas práticas serão agora explicadas a partir dos seguintes tópicos:

1. Uma explicação das quedas morais dos votos bodhisattva;
2. Um método para purificar quedas morais;
3. Os treinos propriamente ditos de um Bodhisattva.

## UMA EXPLICAÇÃO DAS QUEDAS MORAIS DOS VOTOS BODHISATTVA

As instruções sobre as quedas morais dos votos bodhisattva incluem conselhos extensos sobre como devemos conduzir a nossa vida diária por meio de transformar todas as nossas ações no estilo de vida do Bodhisattva. Estas instruções são extremamente importantes para aqueles que tomaram os votos bodhisattva. Por colocá-las em prática, concluiremos gradualmente o treino do Bodhisattva e, por fim, alcançaremos o êxtase supremo da Budeidade.

Há 46 quedas morais secundárias e dezoito quedas morais raízes. Elas serão agora explicadas em detalhes.

## AS QUARENTA E SEIS QUEDAS MORAIS SECUNDÁRIAS

Se incorrermos em qualquer das seguintes quedas morais secundárias, danificaremos os nossos votos bodhisattva, mas não ao ponto de quebrá-los realmente, do mesmo modo que uma pequena batida pode trincar um copo, mas não ao ponto de quebrá-lo.

**1. Não fazer oferendas às Três Joias todos os dias** Ao tomar os votos bodhisattva, comprometemo-nos a fazer oferendas às Três Joias todos os dias. Elas podem ser oferendas físicas, como presentes materiais ou gestos de respeito; oferendas verbais, como louvores; ou oferendas mentais de fé. Se passarmos um dia sem termos feito nenhum desses três tipos de oferenda, incorreremos em uma queda moral secundária. Este compromisso aconselha-nos que precisamos acumular mérito todos os dias por meio de fazermos oferendas físicas, verbais ou mentais às Três Joias.

**2. Entregar-se a prazeres mundanos por apego** Sempre que desfrutarmos de prazeres – como alimentos, bebida, vestuário ou música –, devemos tentar fazê-lo mantendo a motivação de bodhichitta. Se não fizermos isso e nos entregarmos a esses prazeres simplesmente por apego ou insatisfação, incorreremos em uma queda moral secundária. Este compromisso aconselha-nos que devemos transformar as nossas atividades diárias no estilo de vida do Bodhisattva por meio de mantermos continuamente a motivação de bodhichitta.

**3. Ser desrespeitoso com aqueles que receberam os votos bodhisattva antes de nós** Ao desrespeitarmos um praticante que recebeu os votos bodhisattva antes de nós, incorremos em uma queda moral secundária. Este compromisso aconselha-nos que precisamos respeitar a Sangha bodhisattva sênior, a fim de aumentarmos o nosso mérito.

4. **Não responder aos outros** Se alguém nos cumprimentar de forma amigável e respeitosa e, sem uma boa razão, não respondermos, incorreremos em uma queda moral secundária. Este compromisso aconselha-nos que devemos tentar fazer feliz a mente dos outros, através de dar-lhes respostas e conselhos adequados.

5. **Não aceitar convites** Se alguém, com boa motivação, convidar--nos para jantar, ir a uma festa ou dar um passeio e, sem uma boa razão, simplesmente recusarmos o convite por orgulho, preguiça ou raiva, incorreremos em uma queda moral secundária. Razões válidas para recusar convites incluem: estar doente; não ter tempo livre; aceitá-lo faria alguém se sentir infeliz; aceitá-lo criaria perigo ou obstáculo à nossa prática de Dharma; e assim por diante. Este compromisso aconselha-nos que, ao aceitar convites, devemos fazer uma prece dedicatória para que a generosidade do convidante torne-se uma causa para que todos os seres vivos experienciem os prazeres de um Buda.

6. **Não aceitar presentes** Se nos derem ouro, dinheiro ou outros presentes e, sem uma boa razão, recusarmos simplesmente por orgulho, raiva ou preguiça, incorreremos em uma queda moral secundária. Este compromisso aconselha-nos que, ao aceitar o que nos é oferecido, devemos usá-lo da maneira mais significativa.

7. **Não dar Dharma àqueles que o desejam** Se alguém, com um desejo sincero de praticar o Dharma, pedir-nos para ensiná-lo e, sem uma boa razão, recusarmos simplesmente por preguiça, incorreremos em uma queda moral secundária. Razões válidas para não ensinar incluem: não ter conhecimento suficiente sobre o assunto; ensinar o Dharma à pessoa que o solicita é inadequado;

**_Líder dos Heróis_**
*O seu corpo é de cor amarela. A mão direita segura uma espada, e a esquerda, no mudra do equilíbrio meditativo, um texto. Habita o Mundo Permeado por Heróis, ao sul, e purifica o carma negativo de fala*

ensinar o Dharma faria alguém se sentir infeliz; estar doente; não ter tempo livre; e assim por diante. Este compromisso aconselha-nos que, sempre que tivermos a oportunidade, devemos tentar eliminar a escuridão da ignorância da mente dos outros por meio de dar-lhes ensinamentos de Dharma.

**8. Desamparar aqueles que quebraram sua disciplina moral** Incorremos nesta queda moral secundária se ignorarmos, com uma atitude condenatória, moralista ou arrogante, aqueles que quebraram a sua disciplina moral. Este compromisso aconselha-nos que devemos manter a intenção de ajudar todos os seres vivos, incluindo aqueles que quebraram a sua disciplina moral.

**9. Não agir de maneira que inspire fé nos outros** Para ajudar efetivamente os outros, é necessário que nos comportemos de modo que faça com que desenvolvam confiança em nós. Se, em vez disso, mantivermos maus hábitos que provavelmente atraiam críticas, como consumir álcool ou fumar, incorreremos em uma queda secundária. Este compromisso aconselha-nos que devemos manter disciplina pura sinceramente e mostrar um bom exemplo, para que a fé que os outros depositam em nós aumente. Desse modo, eles alcançarão grandes resultados dos nossos ensinamentos.

**10. Fazer pouco para beneficiar os outros** Um estilo de vida austero e solitário é apropriado aos hinayanistas, porque o seu objetivo principal é renunciar ao apego e, assim, alcançar a sua própria libertação pessoal. No entanto, um mahayanista não deve diminuir desnecessariamente a sua capacidade de ajudar os outros, seja rejeitando ou se desfazendo de riquezas, posses ou reputação, seja evitando a convivência com outras pessoas. Se fizermos isso sem uma motivação altruísta especial, incorreremos em uma queda moral secundária. Este compromisso aconselha-nos que, se tivermos a motivação de bodhichitta, podemos aumentar a nossa riqueza e reputação, desde que as utilizemos unicamente para proporcionar mais benefício aos seres vivos.

**11. Não acreditar que a compaixão dos Bodhisattvas garanta que todas as suas ações sejam puras** Buda ensinou que, uma vez que os mais elevados Bodhisattvas abandonaram o autoapreço e são motivados unicamente por compaixão, todas as suas ações – inclusive as de matar, roubar, e assim por diante – estão livres de negatividade. Se nos recusarmos a acreditar nisso, incorreremos em uma queda moral secundária. Este compromisso aconselha-nos que devemos nos regozijar com todas as ações dos Bodhisattvas e que também devemos estar motivados unicamente por compaixão e bodhichitta.

Tal como as onze quedas morais secundárias precedentes, cada uma das 35 quedas restantes contém um conselho especial. Embora os conselhos referentes a essas 35 quedas não estejam explicitamente indicados, devemos tentar compreendê-los à medida que contemplamos cada queda moral.

**12. Obter riqueza ou fama por meio de um modo de vida errôneo** Algumas pessoas, desejosas de riquezas, elogios, respeito e assim por diante, recorrem a meios desonestos para obtê-los. Fingem ser pessoas especiais, sagradas – exteriormente, exibem um bom comportamento, falam suavemente, lisonjeiam os outros e elogiam as suas posses, enquanto, sutilmente, insinuam que precisam dessas coisas para si; ou dão pequenos presentes, com a esperança de receberem presentes maiores em troca. Se, com motivações egoístas, comportarmo-nos desse modo, incorreremos em uma queda moral secundária.

**13. Entregar-se a frivolidades** Se, sem uma boa razão, mas motivados unicamente por excitamento, apego ou anticonscienciosidade, entregarmo-nos a atividades frívolas como cantar, dançar, jogar ou conversas não-significativas, incorreremos em uma queda moral secundária.

**14. Afirmar que os Bodhisattvas não precisam abandonar o samsara** Algumas pessoas, por compreenderem mal o que é o samsara, afirmam que os Bodhisattvas não precisam abandonar nem o samsara nem as delusões, mas que podem alcançar a iluminação em meio a ele enquanto trabalham para o benefício dos seres sencientes. Se sustentarmos esta visão e encorajarmos os outros a pensarem o mesmo, incorreremos em uma queda moral secundária, uma vez que tais visões interferem no nosso progresso espiritual.

**15. Não evitar má reputação** Se, desnecessariamente, nos envolvermos em ações que nos levem a ser criticados ou que nos causem má reputação, incorreremos em uma queda moral secundária. No entanto, se as nossas ações beneficiarem muitos seres, causarem o florescimento do puro Budadharma ou se forem necessárias para preservar a integridade da nossa disciplina moral, o fato de algumas pessoas nos criticarem não terá importância.

**16. Não ajudar os outros a evitarem negatividade** Se tivermos a capacidade e a oportunidade de ajudar alguém impedindo que cometa ações negativas, mas, sem uma boa razão, não o fizermos, incorreremos em uma queda moral secundária.

**17. Retaliar dano ou abuso** Se, por raiva ou impaciência, retribuirmos abuso com abuso, agressão com agressão, crítica com crítica e assim por diante, incorreremos em uma queda moral secundária.

**18. Não pedir desculpa quando tivermos a oportunidade** Se, tendo perturbado uma pessoa ao agirmos de maneira inabilidosa, surgir posteriormente a oportunidade de nos desculparmos, mas, por orgulho ou preguiça, não o fizermos, incorreremos em uma queda moral secundária.

**Prazer Glorioso**

*O seu corpo é de cor laranja. A mão direita segura um sol, e a esquerda, um lótus. Habita o Mundo Alegre, a sudoeste, e purifica o carma negativo da mente*

**19. Não aceitar pedidos de desculpa** Se alguém que nos prejudicou vier se desculpar conosco posteriormente e, sem uma boa razão, mas não por ressentimento, não aceitarmos o seu pedido de desculpa, incorreremos em uma queda moral secundária. Porém, se agirmos assim por ressentimento, incorreremos em uma queda moral raiz.

**20. Não nos esforçarmos para controlar a nossa raiva** Às vezes, devido a fortes hábitos de raiva ou a circunstâncias difíceis, vemo-nos ficando com raiva. Se, em momentos como esses, não fizermos um esforço especial para praticar paciência, incorreremos em uma queda moral secundária.

**21. Motivado pelo desejo de lucro ou respeito, reunir um círculo de seguidores** Se, por razões egoístas, tentarmos reunir alunos, discípulos ou seguidores, incorreremos em uma queda secundária.

**22. Não tentar superar a preguiça** Prometemos alcançar a Budeidade para o benefício de todos os seres vivos, mas realizar isso requer grande esforço. Se não tentarmos eliminar a nossa preguiça ou o apego que temos por dormir e por outros prazeres mundanos, incorreremos em uma queda moral secundária.

**23. Motivado por apego, entregar-se a conversas sem sentido** Se dedicarmos muito do nosso tempo fazendo isso, incorreremos em uma queda moral secundária.

**24. Negligenciar o treino em estabilização mental** A aquisição do tranquilo-permanecer é essencial se quisermos alcançar profundas realizações. Se não aplicarmos esforço para ouvir instruções sobre o tranquilo-permanecer e refletir sobre elas, bem como para melhorar a nossa concentração por meio de treinar o tranquilo-permanecer, incorreremos em uma queda moral secundária.

**25. Não superar obstáculos à estabilização mental** Neste contexto, há cinco obstáculos à estabilização mental, ou concentração:

(1) Autorreprovação e excitamento desnecessários;
(2) Pensamentos malevolentes;
(3) Sono e obtusidade;
(4) Desejos distrativos;
(5) Dúvidas frequentes e perturbadoras.

Se não nos esforçarmos para abandonar esses cinco obstáculos, incorreremos em uma queda moral secundária.

**26. Ficar absorto com o "sabor" da estabilização mental** Neste contexto, "sabor" da estabilização mental significa a experiência de êxtase, paz e maleabilidade induzida por concentração. Se ficarmos apegados a essa experiência e a considerarmos como sendo o resultado último da concentração, incorreremos em uma queda moral, porque este apego diminui o nosso desejo de ajudar os outros e obstrui a nossa prática mahayana. O verdadeiro valor da concentração não é o êxtase temporário que ela induz, mas sim, de ser o meio pelo qual realizações mais elevadas podem ser alcançadas.

**27. Abandonar o Hinayana** Os ensinamentos e práticas hinayana são métodos para libertar os seres dos sofrimentos do samsara; portanto, são Dharma sagrado e objetos a serem respeitados. Se os considerarmos contraditórios ao Mahayana e acreditarmos que devem ser abandonados, incorreremos em uma queda moral secundária.

**28. Estudar o Hinayana em detrimento da nossa prática mahayana** Para obter a bodhichitta e outras realizações mahayana e, por fim, alcançar o estado de Budeidade, precisamos estudar e praticar os ensinamentos mahayana. Se, em lugar de fazermos isso, investirmos grande esforço para estudar o Hinayana e, como resultado, a nossa prática mahayana enfraquecer, incorreremos em uma queda moral secundária.

**29. Estudar assuntos que não sejam Dharma sem uma boa razão** Se estudarmos assuntos que não sejam Dharma, mas que aumentem a nossa capacidade de ajudar os outros seres, isso não interferirá com a nossa prática mahayana; porém, se estudarmos assuntos que não sejam Dharma sem uma boa razão, incorreremos em uma queda moral secundária.

**30. Ficar absorto com assuntos que não sejam Dharma em função de nosso próprio interesse** Às vezes, motivados por boas razões, podemos começar a estudar assuntos que não sejam Dharma, mas, gradualmente, ficamos tão absortos neles que perdemos de vista as nossas intenções originais e acabamos por estudá-los simplesmente por prazer. O resultado disto é que, provavelmente, perderemos a energia que temos para o estudo e a prática do Dharma. Se permitirmos que isto aconteça, incorreremos em uma queda moral secundária. Esta queda aplica-se tanto ao estudo de assuntos acadêmicos que não sejam Dharma como a assuntos mais práticos.

**31. Criticar outras tradições mahayana** No Mahayana, há uma grande variedade de tradições, e cada tradição tem os seus próprios textos e práticas. Se alguma delas parecer contrária à nossa tradição, não devemos discriminá-la nem criticá-la sem uma boa razão. Se o fizermos com uma motivação deludida, incorreremos em uma queda moral secundária.

**32. Elogiar a si mesmo e desprezar os outros** Esta queda moral é semelhante à primeira queda raiz, exceto que, aqui, estamos motivados por um leve orgulho, mas sem a intenção de enganar os outros.

**33. Não aplicar esforço para estudar o Dharma** Ouvir ensinamentos de Dharma e ler livros de Dharma são as lâmpadas que

***Joia Fogo***

*O seu corpo é de cor vermelha. A mão direita segura uma joia--que-satisfaz-os-desejos, e a esquerda, no mudra do equilíbrio meditativo, segura luz. Habita o Mundo Permeado de Luz, a oeste, e purifica a ação de causar cisão na Sangha*

dissipam a escuridão da ignorância. Se, sem uma boa razão, não aplicarmos esforço seja para ouvir ou para ler Dharma, incorreremos em uma queda moral secundária.

**34. Preferir confiar em livros em vez de confiar em nosso Guia Espiritual** A raiz das realizações de Dharma é a confiança sincera em nosso Guia Espiritual. Se negligenciarmos essa prática e preferirmos adquirir compreensão a partir de livros, incorreremos em uma queda moral secundária.

**35. Não prestar auxílio aos que precisam de ajuda** Se uma pessoa pedir a nossa ajuda ou percebermos que está à espera de recebê-la de nós e, estando em condição de ajudá-la, não lhe oferecermos assistência por preguiça ou alguma outra delusão, incorreremos em uma queda moral secundária. Por exemplo, se alguém nos pedir informações sobre um trajeto, solicitar uma ajuda prática ou espiritual ou pedir para mediarmos uma desavença ou disputa, devemos ajudar da melhor maneira que pudermos.

**36. Negligenciar cuidados aos doentes** Se não nos importarmos com as pessoas ou animais doentes que encontrarmos e não fizermos o possível para ajudá-los, incorreremos em uma queda moral secundária.

**37. Não agir para eliminar o sofrimento** Sempre que virmos seres humanos física ou mentalmente deficientes, incapacitados ou insanos, ou sempre que virmos animais, devemos sentir compaixão e avaliar como podemos ajudá-los. Caso não sejamos capazes de prestar nenhuma assistência prática, devemos, ao menos, rezar por eles. Se não fizermos nada, incorreremos em uma queda secundária.

**38. Não ajudar os outros a superarem os seus maus hábitos** Se encontrarmos pessoas que habitualmente adotam comportamentos que, direta ou indiretamente, prejudicam a si próprias ou os outros, e tivermos a oportunidade de habilmente ajudá-las a vencerem esses hábitos, devemos fazê-lo. Se não pudermos ajudá-las diretamente, devemos, pelo menos, rezar por elas. Se não fizermos nada, incorreremos em uma queda moral secundária. Esta queda moral difere da 16ª queda secundária no sentido em que a 16ª queda se refere especificamente a ações negativas pesadas, ao passo que esta se refere a ações inabilidosas relativamente menores, porém, repetidas com frequência, como fumar, consumir álcool, cometer pequenos furtos ou agir de maneiras que causem desarmonia.

**39. Não retribuir ajuda àqueles que nos beneficiam** Devemos sempre recordar a bondade daqueles que nos beneficiam e manter a intenção de retribuir-lhes. Se nos esquecermos completamente de sua bondade, incorreremos em uma queda moral secundária.

**40. Não aliviar a angústia dos outros** Se encontrarmos pessoas acometidas de angústia ou tristeza profunda e, tendo a oportunidade de confortá-las, não fizermos nada, incorreremos em uma queda moral secundária.

**41. Não ajudar os que buscam caridade** Quando mendicantes ou outras pessoas necessitadas da nossa caridade nos abordam, devemos tentar dar-lhes algo. Se por alguma razão inválida, diferente da avareza, recusarmo-nos a ajudar, incorreremos em uma queda moral secundária. Se nos recusarmos por avareza, incorreremos em uma queda moral raiz.

**42. Não dispensar cuidados especiais aos discípulos** Se tivermos discípulos, precisamos ajudá-los através de guiá-los ao longo do caminho espiritual e, na medida da nossa capacidade, provê-los com o que quer que necessitem para a sua prática de Dharma. Se não dispensarmos cuidados especiais aos nossos discípulos sinceros, incorreremos em uma queda moral secundária.

**43. Não agir de acordo com as inclinações dos outros** Quando interagimos com os outros, devemos tentar agradá-los, por meio de nos adaptarmos aos seus desejos sempre que possível – a não ser, é claro, que os seus desejos sejam errados e levem a grande sofrimento. Se ignorarmos os desejos dos outros sem uma boa razão, incorreremos em uma queda moral secundária.

**44. Não elogiar as boas qualidades dos outros** Se virmos uma pessoa cuja conduta seja um bom exemplo para a nossa prática de Dharma, devemos nos regozijar com as suas boas qualidades e elogiá-la. Se, motivados por inveja, orgulho, ciúmes ou alguma outra delusão, não a elogiarmos, incorreremos em uma queda moral secundária.

**45. Não fazer ações iradas quando apropriado** Há momentos nos quais é necessário recorrer a métodos irados, tais como falar de modo bastante enérgico, a fim de impedir que alguém cometa ações negativas ou para subjugar o seu orgulho. Se percebermos claramente que esse momento chegou e soubermos que a nossa ação irada beneficiará enormemente essa pessoa no futuro, mas, por alguma razão incorreta, não realizarmos tal ação, incorreremos em uma queda moral secundária.

**46. Não se utilizar de poderes miraculosos, ações ameaçadoras, e assim por diante** Quando executamos ações iradas, devemos utilizar quaisquer poderes miraculosos que tenhamos; caso contrário, incorreremos em uma queda moral secundária. No entanto, muitos professores realizados, como Je Tsongkhapa, disseram que a época de mostrar poderes miraculosos já passou, porque, nos dias atuais, as pessoas estão propensas a pensar que estamos praticando magia negra, o que pode resultar em descrédito para o Budadharma e colocar em risco a nossa própria segurança. Portanto, devemos seguir o exemplo dos geshes kadampas, como Dromtonpa, Geshe Potowa e Je Tsongkhapa. Embora possuíssem grandes poderes miraculosos, eles nunca os mostravam. Exteriormente, permaneciam sempre como pessoas comuns, nunca reivindicando serem especiais de modo algum. Viviam entre as

**Joia Luar**

*O seu corpo é de cor branca. A mão direita segura uma joia-que-satisfaz-os-desejos, e a esquerda, no mudra do equilíbrio meditativo, uma lua. Habita o Mundo Luz Excelente, a noroeste, e purifica todas as ações negativas acumuladas em um éon*

pessoas comuns e ajudavam-nas, principalmente, incentivando-as a cultivar amor, compaixão e bodhichitta e ensinando-lhes todas as etapas do caminho para a iluminação. Nos dias de hoje, esta é a maneira mais útil de os Bodhisattvas agirem.

## AS DEZOITO QUEDAS MORAIS RAÍZES

As quedas morais raízes são mais sérias do que as quedas morais secundárias porque, se incorrermos em uma queda raiz, quebraremos efetivamente os nossos votos bodhisattva, ao passo que, se incorrermos em uma queda secundária, danificaremos os nossos votos, mas não os quebraremos completamente.

No total, há dezoito quedas morais raízes, que são explicadas em *Os Solos dos Bodhisattvas*, de Asanga, e *Compêndio de Treinos*, de Shantideva. Embora apenas dezoito quedas estejam enumeradas, cada queda raiz possui muitos aspectos diferentes.

**1. Elogiar a si mesmo e desprezar os outros** Incorremos nesta queda moral raiz se elogiarmos a nós mesmos com a motivação de enganar os outros para que possamos receber presentes ou aumentar a nossa reputação. Também incorremos nesta queda raiz se criticarmos os outros com o desejo de prejudicá-los. Em ambos os casos, a queda moral somente se completará se alguém ouvir e compreender as nossas palavras.

**2. Não dar riqueza ou Dharma** Se uma pessoa nos pedir auxílio material (por exemplo, uma ajuda financeira) ou assistência espiritual (como ensinamentos ou livros de Dharma) e, estando em condição de ajudá-la, recusarmo-nos a fazê-lo por avareza, incorreremos em uma queda moral raiz.

**3. Não aceitar pedidos de desculpa** Se alguém que nos prejudicou, física ou verbalmente, desculpar-se mais tarde conosco e nos recusarmos a aceitar o seu pedido de desculpa, preferindo guardar rancor, incorreremos em uma queda moral raiz.

**4. Abandonar o Mahayana** Se rejeitarmos qualquer escritura mahayana que ensine o caminho vasto ou o caminho profundo, afirmando que não é um ensinamento de Buda, incorreremos em uma queda moral raiz. Propagar visões que contradizem o Dharma e incentivar os outros a praticarem tais ensinamentos falsos também é uma queda moral.

**5. Roubar o que pertence às Três Joias** Incorremos nesta queda raiz se roubarmos qualquer coisa que tenha sido oferecida às Três Joias.

**6. Abandonar o Dharma** Incorremos nesta queda moral se criticarmos quaisquer ensinamentos hinayana ou mahayana de Buda, declarando que não são o Budadharma e que, portanto, não devem ser praticados.

**7. Tomar de volta as vestes cor de açafrão** Somente aqueles que ocupam cargos de poder em comunidades monásticas é que podem incorrer nesta queda moral. Se, com uma má motivação, tais pessoas expulsarem monges ou monjas do monastério tomando-lhes de volta as vestes monásticas, elas incorrerão em uma queda moral raiz, mesmo se os monges ou monjas expulsos tiverem quebrado previamente os seus votos de ordenação.

**8. Cometer as cinco ações hediondas** Estas ações são: matar o próprio pai, matar a própria mãe, matar um Destruidor de Inimigos, ferir malevolamente um Buda, e causar cisão na Sangha.

**9. Sustentar visões errôneas** Incorremos nesta queda moral raiz se sustentarmos visões errôneas, como as que negam a lei do carma, a existência de vidas passadas e futuras ou outras verdades nas quais precisamos acreditar para alcançar a libertação.

**10. Destruir locais, tais como cidades** Incorremos nesta queda moral raiz se, com uma má motivação, destruirmos intencionalmente um local de habitação ou um ambiente.

**11. Explicar a vacuidade àqueles que, provavelmente, a compreenderão mal** Incorremos em uma queda moral raiz se ensinarmos a vacuidade de maneira inábil e isto fizer com que aqueles que estão nos ouvindo desenvolvam mal-entendidos sérios e prejudiciais.

**12. Fazer com que os outros abandonem o Mahayana** Se fizermos com que praticantes mahayana desistam da sua bodhichitta, dizendo-lhes que nunca se tornarão um Buda porque a prática das seis perfeições está além das suas capacidades, e então os aconselharmos a ingressar no Caminho Hinayana, menos exigente, por meio do qual a libertação é rapidamente alcançada, incorreremos em uma queda moral raiz.

**13. Fazer com que os outros abandonem o Pratimoksha** Incorremos nesta queda moral raiz se fizermos com que uma pessoa ordenada abandone a sua prática vinaya, dizendo-lhe que o Vinaya é uma prática hinayana irrelevante para o Caminho Mahayana.

**14. Depreciar o Hinayana** Incorremos nesta queda moral raiz se tivermos uma opinião desrespeitosa sobre o Caminho Hinayana, afirmando que ele não conduz à libertação efetiva.

**15. Falar falsamente sobre a vacuidade profunda** Se não tivermos uma compreensão correta da vacuidade e a ensinarmos, mesmo assim, aos outros, alegando, com uma motivação baseada em interesses próprios, que temos uma realização direta da vacuidade, incorreremos nesta queda moral raiz.

**16. Aceitar posses que foram roubadas das Três Joias** Incorremos nesta queda moral se aceitarmos bens que sabemos que foram roubados das Três Joias. Por exemplo, uma quantia de dinheiro oferecida a uma comunidade de Dharma para a realização de um puja ou para a publicação de livros de Dharma. Se alguém se apropriar desse dinheiro e, depois, oferecer-nos uma parte dele e a aceitarmos com pleno conhecimento de que foi roubado, incorreremos em uma queda moral raiz.

**17. Estabelecer más regras** Aqueles que são responsáveis por comunidades espirituais incorrerão nesta queda moral raiz se estipularem regras que interfiram desnecessariamente com a prática pura de Dharma; por exemplo, organizando a comunidade de tal modo que as atividades econômicas prevaleçam sobre a prática de meditação.

**18. Desistir da bodhichitta** Se, por autoapreço ou desânimo, desistirmos da nossa motivação de bodhichitta, incorreremos em uma queda moral raiz e destruiremos o fundamento das nossas realizações mahayana.

Para incorrer em uma queda moral raiz, quatro fatores precisam estar obrigatoriamente presentes:

(1) Não considerar a ação como errada;
(2) Não desejar se abster da ação no futuro;
(3) Regozijar-se com a ação;
(4) Não ter senso de vergonha ou consideração pelos outros.

Por exemplo, se elogiarmos a nós próprios com a expectativa de enganar os outros para que nos deem dinheiro, criamos a ação da primeira queda moral raiz; mas, se reconhecermos imediatamente que o que fizemos é errado, não incorreremos na queda raiz propriamente dita. Do mesmo modo, se nos arrependermos imediatamente da ação, sentirmo-nos envergonhados ou constrangidos pelo que fizemos ou desenvolvermos a intenção de nunca mais repeti-la, não incorreremos na queda completa. Isto se aplica a todas as demais quedas raízes, exceto à nona e à 18ª. Para incorrer nestas duas quedas raízes, não é necessário que os quatro fatores obrigatórios estejam presentes – por simplesmente adotar visões errôneas ou desistir da bodhichitta, incorremos em uma queda moral raiz.

Para evitar incorrermos nas quedas morais raízes e secundárias, é essencial saber quais são essas quedas; portanto, assim que tenhamos tomado os votos bodhisattva, devemos gerar um esforço firme e decidido para aprendê-las e memorizá-las. Devemos tentar compreender cada queda moral, pensar sobre como podemos incorrer nela e fazer planos para evitar tais situações.

É importante ser hábil na maneira como abordamos os votos. Não devemos ter expectativas irrealistas nem fazer promessas que não conseguiremos cumprir. Em vez disso, devemos adotar o estilo de vida do Bodhisattva gradualmente. Cada um dos votos pode ser mantido em muitos níveis. Por exemplo, assumimos o voto de abandonar os obstáculos ao desenvolvimento de concentração, mas é impossível abandoná-los todos de uma só vez. Primeiro, devemos tentar evitar as distrações densas e, depois, esforçarmo-nos gradualmente para abandonar as interferências sutis. Todos os votos bodhisattva são aspectos da prática das seis perfeições. Até que alcancemos a iluminação, precisamos melhorar continuamente a nossa prática das seis perfeições e, desse modo, aprofundar gradualmente o nível no qual somos capazes de mantê-los.

Quando um professor concede os votos bodhisattva, ele, ou ela, deve explicá-los bem. O professor não deve encorajar os seus discípulos a prometerem manter todos os votos perfeitamente desde o início. Além disso, os discípulos, por sua vez, não devem fazer promessas com um excessivo grau de entusiamo, comprometendo-se a manter imaculadamente todos os votos sem ao menos conhecê-los. Tais discípulos quebrarão os seus votos logo no dia seguinte. Após tomar os votos bodhisattva, um discípulo inteligente aprenderá, primeiro, o que esses votos implicam. Depois, tomará a decisão de manter cada voto da melhor maneira que lhe for possível e, gradualmente, aperfeiçoará a sua prática da disciplina moral do bodhisattva.

O conselho para gradualmente manter os votos não significa que podemos, temporariamente, colocar de lado aqueles de que não gostamos. Temos de trabalhar todos os votos e, pouco a pouco, melhorar a maneira como os cumprimos. Por exemplo, à medida que a nossa avareza diminuir, seremos capazes de manter mais puramente os votos referentes à prática de dar, e, à medida que a

**Contemplações Significativas**
*O seu corpo é de cor verde. Cada mão segura um globo ocular. Habita o Mundo Som do Tambor, ao norte, e purifica a ação de criticar seres superiores*

nossa raiva diminuir, seremos capazes de manter mais puramente os votos referentes à prática de paciência. Assim, devemos começar a praticar todos os votos tão logo os tenhamos tomado, praticá-los da melhor maneira que nos for possível e nunca perder a determinação de mantê-los perfeitamente no futuro.

# *Um Método para Purificar Quedas Morais*

**Sob a influência** de mentes deludidas, criamos, em nossas vidas anteriores, uma grande quantidade de carma negativo, e também transgredimos os nossos compromissos e incorremos em quedas morais raízes e secundárias. Como resultado, experienciamos agora dificuldades para desenvolver fé e convicção no Dharma e de fazer progressos nas etapas do caminho para a iluminação. Visto que essas transgressões e quedas obstruem seriamente o nosso desenvolvimento espiritual, é essencial que as purifiquemos.

No *Sutra Akashagarbha*, Buda diz que aqueles que incorreram em quedas morais raízes dos votos bodhisattva devem gerar um forte arrependimento e, ao amanhecer de cada dia, voltar-se para o leste e fazer sinceramente oferendas e prostrações ao Bodhisattva Akashagarbha, enquanto recitam o nome desse Bodhisattva. Ele aparecerá então sob vários aspectos – quer diretamente, diante do praticante, ou em seus sonhos. Akashagarbha purificará então as suas quedas morais, e o praticante obterá uma concentração poderosa e uma forte realização da contínua-lembrança (*mindfulness*).

No entanto, um dos melhores métodos para purificar quedas morais é recomendado por Shantideva no *Guia do Estilo de Vida do Bodhisattva*, onde ele nos aconselha:

**Joia Lua**

*O seu corpo é de cor branca. A mão direita segura uma joia-que-satisfaz-os-desejos, e a esquerda, no mudra do equilíbrio meditativo, uma lua. Habita o Mundo Adornado com Raios de Luz, a nordeste, e purifica a ação de matar a própria mãe*

Devo praticar o *Sutra dos Três Montes*
Três vezes ao dia e três vezes à noite
E, com confiança nas Três Joias e na bodhichitta,
Purificar não-virtudes e quedas morais.

Neste contexto, "*Três Montes*" refere-se ao *Sutra Mahayana dos Três Montes Superiores*, ou *A Confissão Bodhisattva das Quedas Morais*, o texto-raiz que será agora apresentado.

## SUTRA MAHAYANA DOS TRÊS MONTES SUPERIORES

Namo: *A Confissão Bodhisattva das Quedas Morais*

Eu, que me chamo ..., sempre busco refúgio no Guru, busco refúgio em Buda, busco refúgio no Dharma, busco refúgio na Sangha.

Ao Mestre, o Abençoado, Tathagata, Destruidor de Inimigos, Buda Completamente Perfeito, Glorioso Conquistador Shakyamuni, eu me prostro.

Ao Tathagata Completo Subjugador com a Essência do Vajra, eu me prostro.

Ao Tathagata Joia de Luz Radiante, eu me prostro.

Ao Tathagata Poderoso Rei dos Nagas, eu me prostro.

Ao Tathagata Líder dos Heróis, eu me prostro.

Ao Tathagata Prazer Glorioso, eu me prostro.

Ao Tathagata Joia Fogo, eu me prostro.

Ao Tathagata Joia Luar, eu me prostro.

**O Imaculado**

*O seu corpo é cor-de-fumaça. Com ambas as mãos, segura um espelho. Habita o Mundo Permeado de Poeira, abaixo deste mundo, e purifica a ação de matar o próprio pai*

Ao Tathagata Contemplações Significativas, eu me prostro.

Ao Tathagata Joia Lua, eu me prostro.

Ao Tathagata O Imaculado, eu me prostro.

Ao Tathagata Doador de Glória, eu me prostro.

Ao Tathagata O Puro, eu me prostro.

Ao Tathagata Que Transforma com Pureza, eu me prostro.

Ao Tathagata Deidade Água, eu me prostro.

Ao Tathagata Deus das Deidades Água, eu me prostro.

Ao Tathagata Excelência Gloriosa, eu me prostro.

Ao Tathagata Sândalo Glorioso, eu me prostro.

Ao Tathagata Esplendor Infinito, eu me prostro.

Ao Tathagata Luz Gloriosa, eu me prostro.

Ao Tathagata O Glorioso Sem Pesar, eu me prostro.

Ao Tathagata Filho Sem Ânsia, eu me prostro.

Ao Tathagata Flor Gloriosa, eu me prostro.

Ao Tathagata Que Conhece Claramente Através do Deleite da Radiância Pura, eu me prostro.

Ao Tathagata Que Conhece Claramente Através do Deleite da Radiância do Lótus, eu me prostro.

**Doador de Glória**

*O seu corpo é de cor branca. Com ambas as mãos, segura uma Árvore Frutífera Suprema. Habita o Mundo O Glorioso, acima deste mundo, e purifica a ação de matar um Destruidor de Inimigos*

Ao Tathagata Riqueza Gloriosa, eu me prostro.

Ao Tathagata Contínua-Lembrança Gloriosa, eu me prostro.

Ao Tathagata Nome Glorioso de Grande Renome, eu me prostro.

Ao Tathagata Rei do Estandarte da Vitória, Líder dos Poderosos, eu me prostro.

Ao Tathagata O Glorioso Completo Subjugador, eu me prostro.

Ao Tathagata Grande Vencedor na Batalha, eu me prostro.

Ao Tathagata O Glorioso Completo Subjugador que Passou Além, eu me prostro.

Ao Tathagata Hoste Gloriosa Que Tudo Ilumina, eu me prostro.

Ao Tathagata Joia Lótus Grande Subjugador, eu me prostro.

Ao Tathagata Destruidor de Inimigos, Buda Completamente Perfeito, Rei do Monte Meru, Sentado Firmemente numa Joia e num Lótus, eu me prostro.

Ó todos vós, [Tathagatas], e todos os outros, sejam quantos forem os Tathagatas, os Destruidores de Inimigos, os Budas Completamente Perfeitos, os Abençoados, que moram e permanecem em todos os reinos mundanos das dez direções, todos vós, Budas, os Abençoados, por favor, ouvi-me.

Nesta e em todas as minhas vidas, desde tempos sem início, em todos os lugares onde renasci desde que vago pelo samsara, eu cometi ações negativas, ordenei que fossem cometidas e regozijei-me com sua execução. Roubei os pertences das bases de oferenda, os pertences da Sangha e os pertences das Sanghas das dez direções, ordenei que fossem roubados e regozijei-me com seu

**O Puro**

*O seu corpo é de cor laranja. A mão direita segura um sol, e a esquerda, um lótus. Habita o Mundo Não-Obstruído, a leste, e purifica a ação de ferir maldosamente um Buda*

roubo. Cometi as cinco ações hediondas ilimitadas, ordenei que fossem cometidas e regozijei-me com sua execução. Enveredei completamente pelos caminhos das dez ações não-virtuosas, ordenei que os outros enveredassem por eles e regozijei-me quando o fizeram.

Obstruído por esses impedimentos cármicos, irei me tornar um ser-do-inferno; ou nascerei como animal; ou irei para as terras dos espíritos famintos; ou nascerei como um bárbaro, num país sem religião; ou nascerei como um deus de longa vida; ou terei faculdades incompletas; ou sustentarei visões errôneas; ou não terei nenhuma oportunidade de agradar a um Buda.

Todas essas obstruções cármicas, eu as declaro na presença dos Budas, os Abençoados, que se tornaram excelsa sabedoria, que se tornaram "olhos", que se tornaram testemunhas, que se tornaram válidos, que veem com sua sabedoria. Eu confesso, sem dissimular nem esconder nada, e de agora em diante vou evitar tais ações e abster-me delas.

Ó todos vós, Budas, os Abençoados, por favor, ouvi-me. Nesta e em todas as minhas vidas anteriores, desde tempos sem início, em todos os lugares onde renasci desde que vago pelo samsara, qualquer raiz de virtude que exista em meus atos de doar aos outros, até mesmo dar um pouco de comida para alguém nascido animal; qualquer raiz de virtude que exista em minha manutenção de disciplina moral; qualquer raiz de virtude que exista em minhas ações conducentes à grande libertação; qualquer raiz de virtude que exista em minha atuação para fazer amadurecer plenamente os seres sencientes; qualquer raiz de virtude que exista em eu gerar a mente suprema de iluminação; e qualquer raiz de virtude que exista em minha insuperável excelsa sabedoria – tudo isso reunido, agrupado e coletado, dedicando tudo plenamente ao insuperável, ao que não há nada que seja mais elevado, ao que é até mesmo mais elevado do que o elevado, e ao que supera o insuperável, eu dedico plenamente à insuperável, perfeita e completa iluminação.

Assim como os Budas, os Abençoados do passado, dedicaram plenamente; assim como os Budas, os Abençoados ainda por vir, irão

**O Que Transforma com Pureza**

*O seu corpo é de cor amarela. A mão direita segura um sol, e a esquerda, um lótus com um sol. Habita o Mundo Sem Pesar, a sudeste, e purifica todas as ações negativas acumuladas em 10 mil éons*

dedicar plenamente; e assim como os Budas, os Abençoados que vivem hoje, dedicam plenamente – também eu dedico plenamente.

Confesso todas e cada uma das ações negativas. Regozijo-me com todo o mérito. Rogo e peço a todos os Budas. Que eu alcance a sagrada, suprema, insuperável e excelsa sabedoria.

Quaisquer que sejam os Conquistadores, os seres supremos que vivem hoje, aqueles do passado, bem como aqueles que ainda estão por vir – com um oceano ilimitado de preces por todas as vossas boas qualidades e com as palmas das mãos unidas, de vós eu me aproximo para me refugiar.

Isto conclui o Sutra Mahayana intitulado *Sutra dos Três Montes Superiores.*

## EXPLICAÇÃO DA PRÁTICA

Este tópico tem três partes:

1. Introdução à prática;
2. A visualização;
3. A prática propriamente dita.

## INTRODUÇÃO À PRÁTICA

Este Sutra encontra-se incluído no *Sutra Coleção de Joias Preciosas* (*konchog tsegpa*, em tibetano). Ele é chamado *Sutra dos Três Montes Superiores* porque contém três "montes", ou coleções, de virtude: prostração, purificação e dedicatória.

Nesta prática, visualizamos os Trinta e Cinco Budas Confessionais e praticamos purificação na presença deles. Em geral, todos os Budas têm o poder de proteger os seres vivos do sofrimento e do carma negativo, mas, por causa das preces e dedicatórias que fizeram enquanto eram Bodhisattvas, estes Trinta e Cinco Budas têm uma conexão cármica especial com os seres humanos deste mundo. Através do poder de suas bênçãos e preces, podemos

***Deidade Água***

*O seu corpo é de cor azul. Com ambas as mãos, segura uma Roda do Dharma. Habita o Mundo Imaculado, ao sul, e purifica a ação de estuprar monjas ou Destruidores de Inimigos*

purificar rapidamente até mesmo as mais pesadas ações negativas, simplesmente por recitar sinceramente os nomes deles.

Qualquer ser vivo, até mesmo um verme ou um inseto, pode cometer ações negativas, mas somente os seres humanos têm a boa fortuna de serem capazes de purificá-las. Temos acumulado ações não-virtuosas e experienciado os seus resultados de sofrimento desde tempos sem início, mas agora temos a oportunidade de purificá-las completamente. Devemos fazer uso desta preciosa oportunidade para purificar o nosso carma negativo, não de criar mais! Visto que purificação é a raiz de felicidade futura e de realizações espirituais, devemos nos esforçar para limpar a nossa mente das delusões e do carma negativo por meio de nos empenharmos na prática do *Sutra dos Três Montes Superiores*.

Simplesmente contemplar o corpo de Buda ou representações do seu corpo, fala ou mente é imensamente benéfico. Há muitas histórias verdadeiras que ilustram isso. Certa vez, no Monastério de Nalanda, Chandrakirti desenvolveu o forte desejo de encontrar Buda Avalokiteshvara e, assim, fez fervorosos pedidos, dia e noite. Por fim, para grande deleite de Chandrakirti, Avalokiteshvara apareceu diretamente diante dele. Desejando dar à população local a oportunidade de ver Avalokiteshvara, Chandrakirti pediu-lhe que se sentasse sobre os seus ombros enquanto caminhasse pela cidade. Sabendo que pessoas comuns não têm mentes suficientemente puras para ver um Buda, Avalokiteshvara, inicialmente, recusou o convite; no entanto, quando Chandrakirti insistiu nos seus pedidos, Avalokiteshvara, por fim, concordou. Chandrakirti saiu pelas ruas exortando as pessoas a fazerem prostrações ao Buda que estava sobre os seus ombros. A maioria não viu nada, e presumiu que Chandrakirti havia enlouquecido; porém, uma pessoa, com obscurecimentos cármicos particularmente pesados, viu o cadáver de um cão sobre os ombros dele! Apenas uma pessoa – uma idosa, vendedora de vinho – viu realmente a forma de Avalokiteshvara, mas conseguiu ver apenas o seu pé direito. Mesmo assim, essa experiência foi tão poderosa que, como resultado, ela obteve posteriormente muitas realizações profundas.

**Deus das Deidades Água**

*O seu corpo é de cor branca. A mão direita está aberta, na altura do coração, e a esquerda segura um espelho. Habita o Mundo Perfeitamente Claro, a sudoeste, e purifica a ação de matar Bodhisattvas*

Certa vez, em uma época anterior, um mensageiro abrigou-se em um templo no qual havia um mural de Buda Kashyapa. Ao ver a forma desse Buda, desenvolveu grande fé e o forte desejo de ver um Buda vivo, real, à sua frente. Como resultado, esse mensageiro teve, posteriormente, um renascimento humano como Shariputra, um dos principais discípulos de Buda Shakyamuni, e alcançou a libertação naquela mesma vida.

Certa vez, um javali selvagem estava sendo perseguido em uma floresta por um caçador. Quando estava a ponto de ter um colapso, o animal, aterrorizado, chegou a uma clareira onde havia uma estupa, a representação simbólica da mente de Buda. Vencido pela exaustão, o javali desmaiou e morreu. Como resultado de ver a estupa, a mente do javali recebeu bênçãos de Buda, e, pelo poder dessas bênçãos, foi capaz de morrer pacificamente e renascer no reino dos deuses.

Ouvir a fala de Buda ou uma representação de sua fala, bem como ouvir ou recordar o nome de um Buda, é igualmente benéfico. Por exemplo, havia um pombo que costumava ouvir Vasubandhu enquanto este recitava os Sutras. Como resultado das bênçãos que recebeu por escutar o som dos Sutras, o pombo, na sua vida seguinte, renasceu no reino humano como um dos discípulos de Vasubandhu, vindo a tornar-se um erudito muito famoso chamado Stirmati.

Por recitar os nomes dos Trinta e Cinco Budas, muitos discípulos de Je Tsongkhapa receberam visões deles. A razão pela qual não vemos seres puros, como Budas e Bodhisattvas, é que as nossas mentes estão obstruídas por carma negativo e delusões, e não porque eles não estejam diante de nós. Por exemplo, em um dia de céu encoberto, não podemos ver o Sol, mas isto não significa que o Sol não existe. Quando tivermos êxito em purificar as delusões e o carma negativo, que são como nuvens que obscurecem a nossa mente, seremos capazes de ver os Budas diretamente, e então acharemos fácil alcançar todas as realizações mahayana.

Para aumentar o nosso entusiasmo por práticas de purificação, bem como a nossa fé e respeito pelos Budas, devemos contemplar o seguinte:

**Excelência Gloriosa**
*O seu corpo é de cor vermelha. A mão direita segura um lótus, e a esquerda, uma árvore. Habita o Mundo Pleno de Êxtase, a oeste, e purifica a ação de matar Aprendizes superiores*

*Todos os problemas que eu tenho experienciado desde tempos sem início e todos os problemas que experienciarei no futuro são o resultado do meu carma negativo. Portanto, nada pode ser mais benéfico do que praticar purificação sinceramente.*

*Os Budas são testemunhas perfeitas para a confissão. Pelo poder de suas bênçãos, é possível purificar todo o carma negativo que acumulei desde tempos sem início. Esta oportunidade para empenhar-me em purificação deve-se unicamente à bondade dos Budas.*

## A VISUALIZAÇÃO

No espaço à nossa frente, visualizamos Buda Shakyamuni sentado em um trono adornado com joias e sustentado por oito elefantes brancos, que simbolizam o poder de purificação. Ele está sentado em postura vajra, sobre almofadas de lótus, lua e sol. O lótus simboliza renúncia; a lua, bodhichitta; e o sol, a sabedoria que realiza diretamente a vacuidade.

Buda usa as vestes cor de açafrão de um monge plenamente ordenado. Sereno e majestoso, a sua aparência é a de alguém que passou além de todos os interesses mundanos. Adornando a sua coroa, está uma *ushnisha*, mostrando que ele sempre considerou o seu Guia Espiritual como supremo. A sua mão esquerda, no gesto do equilíbrio meditativo, repousa sobre o seu colo e segura uma vasilha de mendicância repleta de néctar, que revela que Buda transcendeu a morte, as delusões e os tormentos de um corpo e mente impuros. O dedo médio da sua mão direita toca o chão, convidando a terra a testemunhar a sua vitória sobre os demônios Devaputra. Ele sorri suavemente, e os seus olhos claros fitam-nos com o amor de um pai pelo seu querido filho. Ele é destemido como o rei dos leões, e a sua radiância dissipa os medos de todos aqueles que o contemplam.

O seu corpo dourado é feito de luz e resplandece com os 32 sinais e as oitenta indicações de um ser plenamente iluminado.

***Sândalo Glorioso***

*O seu corpo é de cor laranja. Ambas as mãos estão no mudra do equilíbrio meditativo e seguram uma árvore de sândalo com frutos. Habita o Mundo Permeado de Fragância, a noroeste, e purifica a ação de roubar a Sangha*

Tal como um sol universal, o seu brilho atravessa as nuvens da ignorância, que obscurecem as mentes dos seres vivos. A sua voz, profunda e melodiosa, reverbera por infinitos mundos, amadurecendo as sementes de virtude e revelando os caminhos libertadores. A sua mente purificada permanece eternamente no tranquilo oceano da realidade, vendo todos os fenômenos tão claramente como uma joia sobre a palma da mão, e emana uma compaixão que abrange a todos. Ele é o refúgio último de todos os seres vivos.

À frente de Buda Shakyamuni, estão os demais 34 Budas, sentados em cinco fileiras. Na primeira fileira, a mais próxima de Buda Shakyamuni, estão os seis primeiros Budas: Completo Subjugador com a Essência do Vajra; Joia de Luz Radiante; Poderoso Rei dos Nagas; Líder dos Heróis; Prazer Glorioso; e Joia Fogo – eles estão dispostos da esquerda para a direita de quem os olha diante de si. À frente deles e mais embaixo, estão os sete Budas seguintes: Joia Luar; Contemplações Significativas; Joia Lua; O Imaculado; Doador de Glória; O Puro; e O Que Transforma com Pureza. À frente destes, e ligeiramente embaixo, estão os sete Budas seguintes: Deidade Água; Deus das Deidades Água; Excelência Gloriosa; Sândalo Glorioso; Esplendor Infinito; Luz Gloriosa; e O Glorioso Sem Pesar. À frente destes, estão os sete Budas seguintes: Filho Sem Ânsia; Flor Gloriosa; O Que Conhece Claramente Através do Deleite da Radiância Pura; O Que Conhece Claramente Através do Deleite da Radiância do Lótus; Riqueza Gloriosa; Contínua-Lembrança Gloriosa; e Nome Glorioso de Grande Renome. Por fim, na fileira mais próxima de nós, estão os sete Budas restantes: Rei do Estandarte da Vitória, Líder dos Poderosos; O Glorioso Completo Subjugador; Grande Vencedor na Batalha; O Glorioso Completo Subjugador que Passou Além; Hoste Gloriosa Que Tudo Ilumina; Joia Lótus Grande Subjugador; e Rei do Monte Meru, Sentado Firmemente numa Joia e num Lótus. Todos estes Budas estão sentados em tronos adornados com joias, sobre almofadas de lótus, lua e sol. Esta assembleia de Trinta e Cinco Budas Confessionais está rodeada por todos os Budas e Bodhisattvas das dez direções.

**Esplendor Infinito**

*O seu corpo é de cor vermelha. Com ambas as mãos no mudra do equilíbrio meditativo, segura dois sóis. Habita o Mundo Possuidor de Vitalidade, ao norte, e purifica a ação de destruir estupas*

Devemos considerar o corpo de cada Buda como a síntese de todas as Joias Sangha, a fala de cada Buda como a síntese de todas as Joias Dharma, e a mente de cada Buda como a síntese de todas as Joias Buda. Não é relevante se não conseguirmos perceber a visualização claramente; o mais importante é gerar profunda fé e não ter dúvida alguma de que estamos verdadeiramente na presença de Budas vivos, reais.

Devemos saber o nome de cada Buda, o mundo que preside, a sua cor, os seus gestos manuais, os objetos que segura e o carma negativo específico que é purificado por recitarmos o seu nome. Os gestos manuais e os objetos que cada Buda segura podem ser conhecidos através de estudar os desenhos que estão neste livro. As demais características estão listadas no quadro que está nas páginas 81-83.

## A PRÁTICA PROPRIAMENTE DITA

A prática propriamente dita do *Sutra dos Três Montes Superiores* é explicada em três partes:

1. Purificar ações não-virtuosas;
2. Dedicar virtudes;
3. Conclusão.

## PURIFICAR AÇÕES NÃO-VIRTUOSAS

A maioria das ações não-virtuosas que cometemos, desde tempos sem início, estão incluídas nas dez ações não-virtuosas: matar, roubar, má conduta sexual, mentir, discurso divisor, discurso ofensivo, conversa não-significativa, cobiça, maldade e sustentar visões errôneas. Essas ações estão explicadas em detalhes no livro *Caminho Alegre da Boa Fortuna*. Precisamos purificar todas essas não-virtudes, juntamente com todas as nossas quedas morais dos votos pratimoksha, bodhisattva e tântricos.

***Luz Gloriosa***

*O seu corpo é de cor branca. Com ambas as mãos, segura uma oferenda de mandala. Habita o Mundo Significativo, a nordeste, e purifica ações negativas cometidas por ódio*

É impossível alterar o fato de que uma ação negativa foi cometida, mas é possível erradicar o potencial que uma ação negativa possui para produzir sofrimento. Toda ação não-virtuosa tem quatro potenciais, cada um dos quais possui o seu próprio efeito: o efeito amadurecido, o efeito ambiental, o efeito que é uma experiência similar à causa e o efeito que é uma tendência similar à causa. Uma explicação detalhada destes quatro efeitos pode ser encontrada no livro *Caminho Alegre da Boa Fortuna*. Para purificar estes quatro potenciais, Buda ensinou os quatro poderes oponentes, os quais estão todos contidos neste Sutra.

O primeiro poder oponente, o *poder da confiança*, purifica o potencial para o efeito ambiental e também funciona para controlar, ou atenuar, carma negativo em geral. O segundo poder oponente, o *poder da força oponente*, purifica o potencial para o efeito amadurecido e também funciona como o oponente direto ao carma negativo em geral. O terceiro poder oponente, o *poder do arrependimento*, purifica o potencial para o efeito que é uma experiência similar à causa e também funciona para impedir que o poder do carma negativo aumente. O quarto poder oponente, o *poder da promessa*, purifica o potencial para o efeito que é uma tendência similar à causa e também nos impede de repetir a ação. O grau de êxito que teremos em purificar carma negativo depende da nossa habilidade em aplicar estes quatro poderes oponentes.

Disto podemos compreender que buscar refúgio sinceramente nas Três Joias, mesmo sem a intenção de purificar, funciona para reduzir o nosso carma negativo e enfraquecer o potencial para experienciar um efeito ambiental desagradável. Por exemplo, podemos nascer no inferno como consequência de não termos purificado o efeito amadurecido de uma ação negativa grave, mas a duração da nossa permanência ali será abreviada se, anteriormente, tivermos buscado refúgio. De modo semelhante, se cometermos uma ação negativa e então, imediatamente, gerarmos arrependimento, isto impedirá que o poder da ação aumente e também enfraquecerá o seu potencial para produzir uma experiência similar à causa, embora o arrependimento, por si só, não tenha o poder de purificar completamente a ação.

**O Glorioso Sem Pesar**

*O seu corpo é de cor azul-clara. Com ambas as mãos, segura uma Árvore Sem-Tristeza (Árvore Açoca). Habita o Mundo Não-Obstruído, abaixo deste mundo, e purifica ações negativas cometidas por apego*

A maneira de aplicar os quatro poderes oponentes na prática do *Sutra dos Três Montes Superiores* será agora explicada a partir dos quatro tópicos seguintes:

1. O poder da confiança;
2. O poder da força oponente;
3. O poder do arrependimento;
4. O poder da promessa.

## O PODER DA CONFIANÇA

Focando a nossa mente na assembleia visualizada dos Trinta e Cinco Budas e reconhecendo-os como a essência de todas as Joias Buda, de todas as Joias Dharma e de todas as Joias Sangha, geramos uma profunda fé e buscamos refúgio, enquanto recitamos os seguintes versos do Sutra:

> **Eu, que me chamo ..., sempre busco refúgio no Guru, busco refúgio em Buda, busco refúgio no Dharma, busco refúgio na Sangha.**

Enquanto recitamos isso, devemos também gerar mentalmente a bodhichitta, pensando: "Eu preciso alcançar a Budeidade para o benefício de todos os seres sencientes-mães".

## O PODER DA FORÇA OPONENTE

Com a forte fé e convicção que desenvolvemos ao buscar refúgio, fazemos agora prostrações físicas enquanto recitamos o nome de cada Buda como um pedido para que eles purifiquem o nosso carma negativo. Há três maneiras de fazer prostrações físicas: podemos fazer prostrações completas, prostrando o nosso corpo inteiro no chão; meias-prostrações, ajoelhando respeitosamente e tocando as palmas das nossas mãos e a nossa testa no chão; ou fazer um gesto de respeito, como o de juntar as palmas das nossas mãos na altura do coração.

***Filho Sem Ânsia***

*O seu corpo é de cor azul. A mão direita segura o Monte Meru, e a esquerda, um lótus. Habita o Mundo Livre de Apego, acima deste mundo, e purifica todas as ações negativas acumuladas em 10 mil éons*

Prostrações são um método poderoso para purificar carma negativo, doenças e obstáculos, bem como para aumentar o nosso mérito, felicidade e realizações de Dharma. Temporariamente, as prostrações melhoram a nossa saúde física e, por fim, fazem com que alcancemos o Corpo-Forma de um Buda. Uma explicação mais extensa sobre os benefícios das prostrações pode ser encontrada no livro *Caminho Alegre da Boa Fortuna.*

Quando fazemos prostrações aos Trinta e Cinco Budas Confessionais, podemos fazer uma prostração para cada Buda à medida que recitamos o seu nome e, depois, repetir o ciclo quantas vezes desejarmos, ou podemos fazer um certo número de prostrações (por exemplo, sete, 21, 50 ou 100) ao primeiro Buda enquanto recitamos o seu nome e, depois, prosseguir, realizando o mesmo número de prostrações ao segundo Buda, e assim por diante. Se optarmos por isto, provavelmente não seremos capazes de completar as prostrações a todos os Trinta e Cinco Budas em uma única sessão; neste caso, simplesmente começamos a sessão seguinte do ponto em que paramos.

O nome de cada Buda tem um grande significado. Não há espaço aqui para explicar o significado de todos os nomes, mas pode ser útil compreender o significado do nome de Buda Shakyamuni. O termo tibetano para "Tathagata" é *deshin shegpa: deshin* significa *verdade última*, ou vacuidade, e *shegpa* significa *ido, que foi para*. Assim, *deshin shegpa* é uma mente que "foi" para a vacuidade, ou que se fundiu completamente com ela; em outras palavras, é o Corpo-Verdade-Sabedoria. Portanto, "Tathagata" significa que Buda alcançou o Corpo-Verdade-Sabedoria e o Corpo-Natureza. "Destruidor de Inimigos" indica que Buda destruiu completamente as obstruções à libertação. "Buda Completamente Perfeito" afirma que ele alcançou a grande iluminação, e também indica que alcançou a clara-luz de êxtase e o corpo-ilusório. Ele é chamado "Glorioso" porque é o Protetor dos seres vivos, e "Conquistador" porque é vitorioso sobre os quatro maras. "Muni" significa "O Capaz", "O Hábil", e indica que Buda tem a habilidade de libertar todos os seres vivos do oceano do samsara. Visto que Buda nasceu

**Flor Gloriosa**

*O seu corpo é de cor amarela. A mão direita está no mudra de expor o Dharma, e a esquerda, segura uma Árvore Frutífera Suprema. Habita o Mundo Profusão de Flores, a leste, e purifica todas as ações negativas acumuladas em 100 mil éons*

no clã Shakya, ele é chamado "Shakyamuni". Todos estes títulos, exceto "Shakya", aplicam-se igualmente a todos os Budas. Por contemplar estes nomes, compreenderemos as boas qualidades dos Budas, fortalecendo, assim, a nossa fé.

## O PODER DO ARREPENDIMENTO

Após recitar os nomes dos Budas ao mesmo tempo que fazemos prostrações, podemos continuar a nos prostrar ou sentarmos-nos enquanto recitamos o restante do Sutra. Recordamos então que os Trinta e Cinco Budas estão no espaço à nossa frente, rodeados por todos os Budas e Bodhisattvas das dez direções. Ao recitar as seguintes palavras do Sutra, pedimos a eles que nos deem a sua atenção e testemunhem a nossa confissão:

> **Ó todos vós, [Tathagatas], e todos os outros, sejam quantos forem os Tathagatas, os Destruidores de Inimigos, os Budas Completamente Perfeitos, os Abençoados, que moram e permanecem em todos os reinos mundanos das dez direções, todos vós, Budas, os Abençoados, por favor, ouvi-me.**

Agora, admitimos que cometemos muitas ações negativas pesadas no passado e, com grande remorso, confessamos a eles tais ações, como segue:

> **Nesta e em todas as minhas vidas, desde tempos sem início, em todos os lugares onde renasci desde que vago pelo samsara, eu cometi ações negativas, ordenei que fossem cometidas e regozijei-me com sua execução. Roubei os pertences das bases de oferenda, os pertences da Sangha e os pertences das Sanghas das dez direções, ordenei que fossem roubados e regozijei-me com seu roubo. Cometi as cinco ações hediondas ilimitadas, ordenei que fossem cometidas e regozijei-me com sua execução. Enveredei**

**O Que Conhece Claramente Através do Deleite da Radiância Pura**

*O seu corpo é de cor branca. A mão direita segura um lótus, e a esquerda, no mudra do equilíbrio meditativo, uma lua irradiando luz. Habita o Mundo Permeado por Brahmas, a sudeste, e purifica todas as ações negativas acumuladas em mil éons*

**completamente pelos caminhos das dez ações não virtuosas, ordenei que os outros enveredassem por eles e regozijei-me quando o fizeram.**

Aqui, a expressão "pertences das bases de oferenda" refere-se a qualquer coisa que tenha sido oferecida às Três Joias. Isto inclui oferendas e doações para pujas; para a construção de Templos ou outros edifícios usados pelas comunidades de Dharma; para estátuas, pinturas ou estupas; ou para a publicação de livros de Dharma – em suma, qualquer coisa que tenha sido oferecida ou que pertença a uma comunidade de Dharma. Roubar de um Centro de Dharma é um carma negativo extremamente pesado, que causa renascimento no inferno ou em um dos demais estados em que não há liberdade. Os "pertences da Sangha" são os pertences dos praticantes individuais de Dharma, e os "pertences das Sanghas das dez direções" é tudo o que pertence à comunidade da Sangha ordenada. As "cinco ações hediondas ilimitadas", também conhecidas como "as cinco ações de retribuição imediata" ou "as cinco ações hediondas", são: matar o próprio pai, matar a própria mãe, matar um Destruidor de Inimigos, ferir malevolamente um Buda, e causar cisão na Sangha. Prejudicar o nosso Guia Espiritual é equivalente à quarta ação, e causar deliberadamente uma divisão na comunidade de Dharma é equivalente à quinta ação. Cometemos ações como estas muitas vezes em vidas passadas, e talvez até as tenhamos cometido nesta vida. Reconhecendo isso, devemos tentar gerar forte arrependimento através de contemplar o destino que nos aguarda se não purificarmos essas ações. Recitamos então os seguintes versos do Sutra:

**Obstruído por esses impedimentos cármicos, irei me tornar um ser-do-inferno; ou nascerei como animal; ou irei para as terras dos espíritos famintos; ou nascerei como um bárbaro, num país sem religião; ou nascerei como um deus de longa vida; ou terei faculdades incompletas; ou sustentarei visões errôneas; ou não terei nenhuma oportunidade de agradar a um Buda.**

**O Que Conhece Claramente Através do Deleite da Radiância do Lótus**

*O seu corpo é de cor vermelha. A mão direita segura um lótus, e a esquerda, no mudra do equilíbrio meditativo, um sol. Habita o Mundo Adornado com Lótus, ao sul, e purifica todas as ações negativas acumuladas em sete éons*

Estes versos nos lembram que um dos efeitos do carma negativo é renascer em um dos oito estados em que não há liberdade. O significado da última frase – "não terei nenhuma oportunidade de agradar a um Buda" – é que não teremos oportunidade de encontrar ou de agradar a um Guia Espiritual.

Tendo reconhecido a extensão do nosso carma negativo, praticamos agora um método especial para purificá-lo. Visualizamos, no nosso coração, todos os potenciais das nossas ações negativas sob a forma de uma letra PAM preta (o desenho dessa letra pode ser visto no Apêndice IV, na página 141). Imaginamos que o carma negativo de todos os seres vivos se reúne sob o aspecto de uma fumaça e se dissolve na letra PAM, e então pensamos que o PAM se torna a essência de todas as negatividades, tanto as nossas como as dos outros. E então rezamos:

> **Todas essas obstruções cármicas, eu as declaro na presença dos Budas, os Abençoados, que se tornaram excelsa sabedoria, que se tornaram "olhos", que se tornaram testemunhas, que se tornaram válidos, que veem com sua sabedoria. Eu confesso, sem dissimular nem esconder nada, (...)**

Imaginamos então que luzes-sabedoria brancas e néctares brancos descem dos corações de todos os Trinta e Cinco Budas e entram no nosso corpo pela nossa coroa. Quando alcançam a letra PAM, eles a destroem completamente, assim como a luz destrói a escuridão tão logo acendemos uma lâmpada. Acreditamos firmemente que todo o nosso carma negativo, criado desde tempos sem início, foi purificado. As luzes-sabedoria permeiam o nosso corpo e mente, aumentando o nosso tempo de vida, a nossa boa fortuna, a nossa força física e mental e as nossas realizações de Dharma.

Os Budas "tornaram-se excelsa sabedoria" porque conhecem todo o passado, presente e futuro diretamente; e "tornaram-se 'olhos'" porque veem todos os seres vivos com olhos de grande compaixão. Uma vez que os Budas conhecem tudo e, particularmente, estão cientes das boas e das más ações que cometemos nesta e nas vidas

***Riqueza Gloriosa***
*O seu corpo é de cor rosa. Com ambas as mãos, segura uma joia-que-satisfaz-os-desejos. Habita o Mundo Adornado com Joias, a sudoeste, e purifica negatividades que surgem de maus hábitos*

anteriores, eles "tornaram-se testemunhas". Os Budas "tornaram-se válidos" porque são objetos não-enganosos de refúgio; e "veem com sua sabedoria" todo o carma negativo que cometemos no passado, bem como o sofrimento que resultará dele.

## O PODER DA PROMESSA

A menos que nos abstenhamos de ações negativas no futuro, será impossível purificar completamente aquelas que já cometemos. Se pensarmos que não há problema em continuarmos a cometer ações negativas, visto que agora temos um método para purificá-las, esta atitude mostrará que não compreendemos o que a purificação é. No *Sutra Rugido do Leão*, Buda diz que ensinou o Dharma dos *Três Montes Superiores* para nos capacitar a purificar carma negativo, mas que aqueles que continuam a cometer ações negativas, pensando que poderão purificá-las mais tarde, são tolos. Portanto, precisamos nos abster de ações não-virtuosas por meio de fazer a seguinte promessa aos Budas:

> **(...) e de agora em diante vou evitar tais ações e abster-me delas.**

Alguns praticantes conseguem prometer absterem-se de qualquer queda moral e ação negativa pelo resto de suas vidas e, por confiarem em contínua-lembrança (*mindfulness*), conscienciosidade e vigilância, nunca quebram essa promessa. Se ainda não formos capazes de fazer tal promessa, devemos, primeiro, prometer abstermo-nos de todas as ações negativas por uma semana, por exemplo, e depois estender gradualmente a duração da nossa abstenção para um mês, um ano e assim por diante, até que consigamos prometer abstermo-nos para o resto de nossa vida. É importante manter quaisquer promessas que tenhamos feito aos Budas e ao nosso Guia Espiritual, porque promessas quebradas são obstáculos sérios ao nosso progresso espiritual.

**Contínua-Lembrança Gloriosa**
*O seu corpo é de cor amarela. A mão direita segura uma espada, e a esquerda, no mudra do equilíbrio meditativo, um texto. Habita o Mundo Perfeitamente Claro, a oeste, e purifica o carma negativo de corpo*

## DEDICAR VIRTUDES

Em geral, a dedicatória assegura que as ações virtuosas produzam grandes resultados. Aqui, dedicamos para que, com toda a certeza, a nossa prática produza grandes e poderosos resultados no futuro. Começamos pedindo aos Budas que testemunhem a nossa dedicatória:

> **Ó todos vós, Budas, os Abençoados, por favor, ouvi-me.**

E então, revisamos as ações virtuosas que serão dedicadas:

> **Nesta e em todas as minhas vidas anteriores, desde tempos sem início, em todos os lugares onde renasci desde que vago pelo samsara, qualquer raiz de virtude que exista em meus atos de doar aos outros, até mesmo dar um pouco de comida para alguém nascido animal; qualquer raiz de virtude que exista em minha manutenção de disciplina moral; qualquer raiz de virtude que exista em minhas ações conducentes à grande libertação; qualquer raiz de virtude que exista em minha atuação para fazer amadurecer plenamente os seres sencientes; qualquer raiz de virtude que exista em eu gerar a mente suprema de iluminação; e qualquer raiz de virtude que exista em minha insuperável excelsa sabedoria – tudo isso reunido, agrupado e coletado, (...)**

Os dois primeiros tipos de virtude mencionados aqui – dar e disciplina moral – são autoexplicativos. O terceiro, "ações conducentes à grande libertação", refere-se às demais quatro perfeições – paciência, esforço, estabilização mental e sabedoria –, que são os meios para alcançarmos a grande libertação da Budeidade. A "atuação para fazer amadurecer plenamente os seres sencientes" refere-se às quatro maneiras de reunir discípulos. Ao passo que as virtudes até agora listadas funcionam principalmente para amadurecer o nosso

**_Nome Glorioso de Grande Renome_**
*O seu corpo é de cor verde. Com ambas as mãos, segura uma coroa. Habita o Mundo Sem Sinal, a noroeste, e purifica a ação de desagradar aos Budas*

próprio *continuum* mental, as quatro maneiras de reunir discípulos funcionam principalmente para amadurecer os *continuums* mentais dos outros. "Gerar a mente suprema de iluminação" refere-se a gerar a bodhichitta, e "insuperável excelsa sabedoria" refere-se a qualquer realização espiritual de uma pessoa em um Caminho Hinayana ou Mahayana propriamente ditos. Se não tivermos ainda desenvolvido renúncia ou bodhichitta espontâneas, isto significa que não temos excelsa sabedoria; contudo, podemos apreciar a excelsa sabedoria dos outros e dedicar as virtudes deles. "Tudo isso reunido" significa a coleção de todas as nossas próprias virtudes produzidas por essas ações, "agrupado" refere-se à coleção de todas as virtudes dos outros seres, e "coletado" refere-se à união das nossas próprias virtudes com as dos outros. Tudo isso é o que será dedicado. Quanto ao propósito para o qual é dedicado, o Sutra continua:

> **(...) dedicando tudo plenamente ao insuperável, ao que não há nada que seja mais elevado, ao que é até mesmo mais elevado do que o elevado, e ao que supera o insuperável, eu dedico plenamente à insuperável, perfeita e completa iluminação.**
>
> **Assim como os Budas, os Abençoados do passado, dedicaram plenamente; assim como os Budas, os Abençoados ainda por vir, irão dedicar plenamente; e assim como os Budas, os Abençoados que vivem hoje, dedicam plenamente – também eu dedico plenamente.**

"Insuperável" refere-se ao Corpo-Forma de um Buda, que surge de mérito insuperável; "que não há nada que seja mais elevado" refere-se ao Corpo-Verdade de um Buda, que surge da mais elevada sabedoria; "mais elevado do que o elevado" refere-se aos Corpos-Emanação de um Buda, que são mais elevados ainda que os Hinayanas Destruidores de Inimigos, para os quais dão ensinamentos; e "que supera o insuperável" refere-se ao Corpo-de-Deleite de um Buda, que supera os Bodhisattvas superiores, os quais, eles

**Rei do Estandarte da Vitória, Líder dos Poderosos**

*O seu corpo é de cor amarela. A mão direita segura uma joia-que-*
*-satisfaz-os-desejos, e a esquerda, um estandarte da vitória.*
*Habita o Mundo Poder Sensorial Claro, ao norte, e purifica*
*as ações negativas cometidas por inveja, ou ciúme*

próprios, por sua vez, não são superados por nenhum outro ser senciente. Em suma, por recitar esta prece dedicatória, dedicamos todas as nossas virtudes e as dos outros para a aquisição do Corpo-Forma e do Corpo-Verdade de um Buda, a fim de que sejamos capazes de beneficiar todos os seres vivos.

Os benefícios desta dedicatória podem ser compreendidos através de considerarmos os efeitos de uma ação simples, como a ação de dar. Se não fizermos nenhuma dedicatória, é provável que o potencial para produzir felicidade, criado pela nossa ação virtuosa de dar, seja logo destruído pela raiva ou por visões errôneas. Este perigo pode ser evitado se dedicarmos a virtude para algum propósito mundano. Se fizermos isso, experienciaremos um efeito benéfico, como riqueza no futuro, mas tão logo essa riqueza seja consumida, o potencial positivo da nossa ação original também terá se esgotado. No entanto, se fizermos a dedicatória suprema tal como mencionada neste Sutra, o poder potencial daquele simples ato de generosidade nunca será exaurido, não importa o quanto desfrutemos dos seus resultados temporários. Por exemplo, se uma gota de água for retirada de uma nascente e colocada no oceano, ela não evaporará até que o próprio oceano seque. Do mesmo modo, se dedicarmos, para a plena iluminação, a nossa virtude proveniente da ação de dar, ela não se esgotará até que a iluminação seja alcançada. Portanto, os seus resultados são infinitos. O mesmo se aplica a todas as outras virtudes. Todos os Budas do passado dedicaram dessa maneira quando eram Bodhisattvas e, agora, experienciam os resultados benéficos da dedicatória que fizeram. Devemos seguir o seu exemplo e dedicar do mesmo modo.

## CONCLUSÃO

Continuamos a recitação do Sutra, com uma breve prece:

> **Confesso todas e cada uma das ações negativas. Regozijo-me com todo o mérito. Rogo e peço a todos os Budas. Que eu alcance a sagrada, suprema, insuperável e excelsa sabedoria.**

A *confissão* purifica carma negativo em geral; o *regozijo* purifica negatividades criadas por inveja; *rogar aos Budas que não morram* purifica as ações que perturbam o nosso Guia Espiritual; e *pedir-lhes que girem a Roda do Dharma* purifica a ação negativa de abandonar o Dharma. As virtudes desta breve prece são dedicadas à aquisição da "sagrada, suprema, insuperável e excelsa sabedoria" – em outras palavras, à sabedoria onisciente de Buda.

Os últimos versos do Sutra ensinam explicitamente o refúgio nos Budas dos três tempos e, implicitamente, revelam o refúgio no Dharma e na Sangha:

> **Quaisquer que sejam os Conquistadores, os seres supremos que vivem hoje, aqueles do passado, bem como aqueles que ainda estão por vir – com um oceano ilimitado de preces por todas as vossas boas qualidades e com as palmas das mãos unidas, de vós eu me aproximo para me refugiar.**

O significado essencial destes versos é que a prática dos três montes superiores – prostração, purificação e dedicatória – deve estar combinada com o refúgio nas Três Joias.

A melhor maneira de evitar cometer ações negativas ou de incorrer em quedas morais é manter sempre um bom coração por meio da prática das 21 meditações explicadas no livro *Novo Manual de Meditação*, e o melhor método para purificar ações negativas e quedas morais já acumuladas é praticar o *Sutra dos Três Montes Superiores*. Com estas duas práticas, seremos capazes de proteger o nosso estilo de vida do Bodhisattva por inteiro.

| NOME | MUNDO | COR | O QUE PURIFICA |
|---|---|---|---|
| *Buda Shakyamuni* | Mundo do Não-Esquecer (este mundo) | Dourada | Todas as ações negativas acumuladas em dez mil éons |
| *Completo Subjugador com a Essência do Vajra* | Essência do Espaço (acima deste mundo) | Azul | Todas as ações negativas acumuladas em dez mil éons |
| *Joia de Luz Radiante* | Adornado com Joias (a leste) | Branca | Todas as ações negativas acumuladas em 25 mil éons |
| *Poderoso Rei dos Nagas* | Permeado por Nagas (a sudeste) | Azul | Todas as ações negativas acumuladas em oito éons |
| *Líder dos Heróis* | Permeado por Heróis (ao sul) | Amarela | Carma negativo de fala |
| *Prazer Glorioso* | Alegre (a sudoeste) | Laranja | Carma negativo da mente |
| *Joia Fogo* | Permeado de Luz (a oeste) | Vermelha | A ação de causar cisão na Sangha |
| *Joia Luar* | Luz Excelente (a noroeste) | Branca | Todas as ações negativas acumuladas em um éon |
| *Contemplações Significativas* | Som do Tambor (ao norte) | Verde | A ação de criticar seres superiores |
| *Joia Lua* | Adornado com Raios de Luz (a nordeste) | Branca | A ação de matar a própria mãe |
| *O Imaculado* | Permeado de Poeira (abaixo deste mundo) | Cor-de-fumaça | A ação de matar o próprio pai |
| *Doador de Glória* | O Glorioso (acima deste mundo) | Branca | A ação de matar um Destruidor de Inimigos |
| *O Puro* | Não-Obstruído (a leste) | Laranja | A ação de ferir maldosamente um Buda |

| NOME | MUNDO | COR | O QUE PURIFICA |
|---|---|---|---|
| *O Que Transforma com Pureza* | Sem Pesar (a sudeste) | Amarela | Todas as ações negativas acumuladas em dez mil éons |
| *Deidade Água* | Imaculado (ao sul) | Azul | A ação de estuprar monjas ou Destruidores de Inimigos |
| *Deus das Deidades Água* | Perfeitamente Claro (a sudoeste) | Branca | A ação de matar Bodhisattvas |
| *Excelência Gloriosa* | Pleno de Êxtase (a oeste) | Vermelha | A ação de matar Aprendizes superiores |
| *Sândalo Glorioso* | Permeado de Fragância (a noroeste) | Laranja | A ação de roubar a Sangha |
| *Esplendor Infinito* | Possuidor de Vitalidade (ao norte) | Vermelha | A ação de destruir estupas |
| *Luz Gloriosa* | Significativo (a nordeste) | Branca | Ações negativas cometidas por ódio |
| *O Glorioso Sem Pesar* | Não-Obstruído (abaixo deste mundo) | Azul-clara | Ações negativas cometidas por apego |
| *Filho Sem Ânsia* | Livre de Apego (acima deste mundo) | Azul | Todas as ações negativas acumuladas em dez mil éons |
| *Flor Gloriosa* | Profusão de Flores (a leste) | Amarela | Todas as ações negativas acumuladas em cem mil éons |
| *O Que Conhece Claramente Através do Deleite da Radiância Pura* | Permeado por Brahmas (a sudeste) | Branca | Todas as ações negativas acumuladas em mil éons |

| NOME | MUNDO | COR | O QUE PURIFICA |
|---|---|---|---|
| *O Que Conhece Claramente Através do Deleite da Radiância do Lótus* | Adornado com Lótus (ao sul) | Vermelha | Todas as ações negativas acumuladas em sete éons |
| *Riqueza Gloriosa* | Adornado com Joias (a sudoeste) | Rosa | Negatividades que surgem de maus hábitos |
| *Contínua-Lembrança Gloriosa* | Perfeitamente Claro (a oeste) | Amarela | Carma negativo de corpo |
| *Nome Glorioso de Grande Renome* | Sem Sinal (a noroeste) | Verde | A ação de desagradar aos Budas |
| *Rei do Estandarte da Vitória* | Poder Sensorial Claro (ao norte) | Amarela | Ações negativas cometidas por inveja, ou ciúme |
| *O Glorioso Completo Subjugador* | Deleite (a nordeste) | Branca | A ação de ordenar que outros cometam ações negativas |
| *Grande Vencedor na Batalha* | Sem Delusão (abaixo deste mundo) | Preta | Ações negativas cometidas por orgulho |
| *O Glorioso Completo Subjugador Que Passou Além* | O Glorioso (a leste) | Branca | A ação de caluniar |
| *Hoste Gloriosa Que Tudo Ilumina* | Adornado com Luz (ao sul) | Amarela | A ação de regozijar-se com o mal |
| *Joia Lótus Grande Subjugador* | O Glorioso (a oeste) | Vermelha | A ação de abandonar o Dharma |
| *Rei do Monte Meru* | Joia (ao norte) | Azul-celeste | A ação de quebrar compromissos |

# *Treinar as Seis Perfeições*

## OS TREINOS PROPRIAMENTE DITOS DE UM BODHISATTVA

**Manter os votos** bodhisattva é a base para os treinos propriamente ditos do Bodhisattva. Estes treinos estão todos incluídos na prática das seis perfeições: as perfeições de dar, disciplina moral, paciência, esforço, estabilização mental e sabedoria. Se temos o desejo de nos iluminar, mas não praticamos as seis perfeições, somos como alguém que deseja ir a um lugar, mas que não se põe efetivamente a caminho.

## A PERFEIÇÃO DE DAR

Dar é uma intenção mental virtuosa de dar, ou uma ação física ou verbal de dar motivada por um estado mental virtuoso. O dar praticado com a motivação de bodhichitta é uma perfeição de dar. Há três tipos de dar:

1. Dar coisas materiais;
2. Dar Dharma;
3. Dar destemor.

**O Glorioso Completo Subjugador**

*O seu corpo é de cor branca. Ambas as mãos estão no mudra de tocar a terra. Habita o Mundo de Deleite, a nordeste, e purifica a ação de ordenar que outros cometam ações negativas*

## DAR COISAS MATERIAIS

Para praticar o dar com coisas materiais, primeiro contemplamos as desvantagens da avareza e os benefícios de dar e, então, empenhamo-nos na prática propriamente dita de dar aos outros. No *Sutra Perfeição de Sabedoria Condensado*, Buda ensina que a avareza leva à pobreza e a renascer como um fantasma faminto. Mesmo nesta vida, a avareza causa-nos sofrimento. Ela é uma mente mesquinha, limitada e desconfortável, que leva ao isolamento e à impopularidade. Dar, por outro lado, é uma mente alegre, que nos conduz a experienciar riqueza e recursos abundantes no futuro.

Não faz sentido nos aferrarmos às nossas posses, pois riqueza somente adquire sentido quando é dada ou usada para beneficiar os outros. Visto que, sem escolha alguma, teremos de nos separar de todas as nossas posses quando morrermos, é melhor nos separarmos delas agora e, assim, extrair algum benefício por tê-las possuído. Além disso, se, no momento da nossa morte, tivermos forte apego às nossas posses, isto nos impedirá de ter uma morte pacífica e poderá até mesmo nos impedir de ter um renascimento afortunado.

Quando saímos de férias, tomamos o cuidado de levar dinheiro suficiente para a viagem inteira, mas quão mais importante é assegurar que viajaremos para as vidas futuras com virtude, ou mérito, suficiente para nos prover com todos os recursos de que precisaremos. A nossa prática de dar é a melhor segurança contra pobreza futura.

Devemos dar as nossas posses somente no momento certo, ou seja, quando isso não causar nenhum obstáculo à nossa prática espiritual nem colocar a nossa vida em risco, e quando a pessoa para a qual estamos dando extrair disso algum benefício significativo. Caso contrário, não devemos dar as nossas posses, mesmo que alguém as peça. Por exemplo, se percebermos que um presente prejudicará os outros, não devemos oferecê-lo. Precisamos levar em consideração todas as consequências da nossa ação, incluindo como ela afetará os outros além da pessoa que receberá o presente.

Precisamos também conservar as coisas que são necessárias para a nossa prática de Dharma. Se nos desfizermos delas, estaremos prejudicando indiretamente os outros, uma vez que estaremos criando obstáculos ao nosso progresso rumo à iluminação, cujo propósito é, justamente, beneficiá-los.

Devemos oferecer mentalmente todas as nossas posses aos outros, mas devemos dá-las efetivamente apenas quando for mais adequado fazê-lo. Esta maneira hábil de pensar é, por si só, uma forma de dar. Por exemplo, as organizações beneficentes não distribuem imediatamente tudo o que lhes é doado, mas guardam uma certa quantia como reserva para os momentos de maior necessidade. Mesmo assim, enquanto mantêm guardado o dinheiro, não o consideram como propriedade sua; elas simplesmente pensam que estão cuidando dele para os outros, até que uma necessidade surja. Se considerarmos todas as nossas posses desse mesmo modo, estaremos praticando o dar o tempo todo.

A quantidade de mérito que acumulamos por meio da prática de dar depende de muitos fatores além do valor efetivo daquilo que damos. Um desses fatores é a natureza do beneficiado. Há três classes de seres para os quais é especialmente meritório dar: os seres sagrados, como o nosso Guia Espiritual, os Budas e Bodhisattvas; aqueles que têm demonstrado grande bondade para conosco, como os nossos pais; e aqueles que estão em grande necessidade, como os pobres, os doentes e os deficientes ou incapacitados. Outro fator importante é a nossa motivação. É mais meritório colocar algumas migalhas em um comedouro para pássaros com a motivação de compaixão pura do que dar um anel de diamantes por apego. A melhor motivação, com toda a certeza, é a bodhichitta. A virtude criada por dar com essa motivação é ilimitada.

## DAR DHARMA

Há muitas maneiras de dar Dharma. Se, com uma boa motivação, ensinarmos mesmo que apenas uma única palavra de Dharma aos outros, estaremos dando Dharma. Isto é muito mais benéfico do que qualquer outro presente material, porque coisas materiais ajudam os outros somente nesta vida, ao passo que o presente do Dharma os ajuda nesta e em todas as suas vidas futuras. Há muitas outras maneiras através das quais podemos dar Dharma – por exemplo, ao dedicarmos a nossa virtude para que todos os seres vivos desfrutem de paz e felicidade, ou sussurrando mantras no ouvido dos animais.

## DAR DESTEMOR

Dar destemor significa proteger os seres vivos contra o medo ou o perigo. Por exemplo, se resgatarmos alguém de um incêndio ou de um desastre natural, se protegermos os outros contra violência física, ou se salvarmos animais e insetos que caíram na água ou que estão presos ou foram capturados, estaremos fazendo a prática de dar destemor. Se não formos capazes de socorrer aqueles que estão em perigo, podemos ainda assim dar-lhes destemor por meio de fazer preces e oferendas para que se libertem do perigo. Podemos também fazer a prática de dar destemor através de rezar para que os outros se libertem de suas delusões, especialmente da delusão do agarramento ao em-si, que é a fonte última de todo o medo.

## A PERFEIÇÃO DE DISCIPLINA MORAL

Disciplina moral é uma determinação mental virtuosa de abandonar qualquer falha, ou uma ação física ou verbal motivada por tal determinação. A disciplina moral praticada com a motivação de bodhichitta é uma perfeição de disciplina moral. Há três tipos de disciplina moral:

1. A disciplina moral de abstenção;
2. A disciplina moral de reunir Dharmas virtuosos;
3. A disciplina moral de beneficiar os seres vivos.

## A DISCIPLINA MORAL DE ABSTENÇÃO

Esta é a disciplina moral de abster-se de não-virtude. Para praticar esta disciplina moral, precisamos compreender os perigos de cometer ações negativas, fazer uma promessa ou voto de abandoná-las e, depois, manter essa promessa ou voto. Simplesmente não cometer ações negativas involuntariamente não é uma prática de disciplina moral, uma vez que não está motivada por uma determinação de abster-se.

Qualquer disciplina espiritual que evite ou supere falhas mentais ou ações negativas de corpo ou de fala está incluída na disciplina moral de abstenção. Por exemplo, se compreendermos os perigos das dez ações não-virtuosas, prometermos nos abster delas e mantivermos essa promessa, estaremos praticando a disciplina moral de abstenção.

Às vezes, podemos tomar votos por conta própria, reconhecendo as falhas das ações que queremos abandonar e prometendo nos abster delas pelo período que acharmos possível. Mesmo que façamos a promessa de nos abster de apenas uma única ação negativa por um breve período – por exemplo, se prometermos abandonar unicamente a ação de matar por apenas uma semana – e mantivermos essa promessa, estaremos praticando a disciplina moral de abstenção. No entanto, à medida que a nossa capacidade aumente, devemos estender gradualmente a duração da nossa abstenção e também prometer abandonar outras ações não-virtuosas.

Para praticar disciplina moral, precisamos confiar em contínua-lembrança, vigilância e conscienciosidade. A contínua-lembrança (*mindfulness*) impede que nos esqueçamos dos nossos votos; a vigilância monitora a nossa mente e nos adverte caso delusões estejam prestes a surgir; e a conscienciosidade protege a nossa mente contra não-virtude. Por exemplo, podemos estar em uma situação – como uma festa animada – na qual seria fácil incorrermos na queda moral bodhisattva de elogiar a nós mesmos e desprezar os outros. No entanto, se praticarmos contínua-lembrança, recordaremos constantemente que prometemos não fazer esse tipo de coisa e, assim, não haverá o perigo de incorrermos nessa queda moral por esquecimento. De modo semelhante, se mantivermos vigilância, seremos capazes de detectar delusões, como orgulho ou inveja, tão logo comecem a surgir, e então usaremos a conscienciosidade para impedir o seu desenvolvimento.

Quando tomamos os votos bodhisattva, precisamos ter a intenção de mantê-los continuamente, até alcançarmos a iluminação. Se quisermos cumprir o nosso desejo de alcançar a iluminação rapidamente para o benefício dos outros, precisamos superar as nossas falhas tão logo nos seja possível. Para um Bodhisattva, o objeto principal a ser abandonado é a intenção de trabalhar unicamente para o seu próprio benefício. Os Bodhisattvas veem claramente os perigos do autoapreço – o pensamento de considerarmos a nós mesmos como supremamente importantes – e compreendem que ele é o obstáculo principal para desenvolver a bodhichitta e alcançar a iluminação. No *Sutra Perfeição de Sabedoria Condensado*, Buda diz que a disciplina moral de um Bodhisattva não degenera se ele, ou ela, desfrutar de belas formas, sons melodiosos, sabores agradáveis ou outros objetos dos sentidos; mas, se um Bodhisattva desenvolver interesse pelo seu próprio bem-estar, tanto a sua disciplina moral como a sua bodhichitta irão degenerar. Se gerarmos bodhichitta e, mais tarde, pensarmos que seria melhor buscar unicamente a nossa própria libertação, incorreremos em uma queda moral bodhisattva raiz e quebraremos a nossa disciplina moral de abstenção.

Com a motivação de bodhichitta, nenhuma ação pode ser não-virtuosa, porque a bodhichitta elimina o autoapreço, o qual é a raiz de todas as ações não-virtuosas. Mesmo que um Bodhisattva precise matar, esta ação não será uma ação não-virtuosa, uma vez que é realizada unicamente para o benefício de todos os seres vivos. Embora os outros possam condená-los, os Bodhisattvas não incorrem em carma negativo quando realizam tais ações, porque a sua bodhichitta lhes assegura que todas as suas ações são puras. Isto é ilustrado por um episódio de uma vida passada de Buda Shakyamuni, quando ainda era um Bodhisattva. Naquele tempo,

**Grande Vencedor na Batalha**
*O seu corpo é de cor preta. A mão direita segura uma espada, e a esquerda, uma peça de armadura. Habita o Mundo Sem Delusão, abaixo deste mundo, e purifica ações negativas cometidas por orgulho*

ele foi o capitão de um navio que transportava quinhentos mercadores em uma viagem especial. Com a sua clarividência, viu que um dos mercadores planejava matar todos os demais. Constatando que, como resultado, este mercador renasceria no inferno, gerou grande compaixão por ele e por suas futuras vítimas. O Bodhisattva decidiu tomar sobre si o carma de matar, em vez de permitir que todos os quinhentos mercadores sofressem, e então, com uma motivação pura de bodhichitta, matou o malvado mercador. Deste modo, ele protegeu o mercador de um renascimento no inferno e salvou as vidas de todos os demais. Como resultado desta ação de matar, este Bodhisattva fez um grande progresso espiritual.

## A DISCIPLINA MORAL DE REUNIR DHARMAS VIRTUOSOS

Praticamos esta disciplina moral quando praticamos sinceramente qualquer ação virtuosa, como manter os votos bodhisattva puramente, praticar as seis perfeições, fazer oferendas às Três Joias ou quando colocamos energia para estudar, meditar ou difundir o sagrado Dharma.

## A DISCIPLINA MORAL DE BENEFICIAR OS SERES VIVOS

Esta é a disciplina moral de ajudar os outros de todas as maneiras que forem possíveis para nós. Se não pudermos oferecer ajuda prática a alguém, podemos, ao menos, fazer preces para essa pessoa e manter uma intenção contínua de prestar assistência quando surgir a oportunidade. Podemos compreender como praticar esta disciplina moral ao estudar as instruções sobre as doze últimas quedas morais secundárias dos votos bodhisattva.

Ao ajudar os outros, devemos ser bastante prudentes e agir com sensibilidade. Devemos tentar compreender a experiência e o ponto de vista da outra pessoa e, com base nisso, oferecer a ajuda que lhe for mais relevante, de modo que ela possa aceitá-la.

Não conseguiremos ajudar os outros se atacarmos os seus valores e crenças ou ignorarmos o seu temperamento e circunstâncias pessoais. Temos de adaptar o nosso próprio comportamento, para que ele se adéque à outra pessoa e a faça sentir-se à vontade. Em vez de impormos os nossos próprios padrões morais aos outros e julgá-los caso não estejam em conformidade com eles, devemos simplesmente agir da forma que tiver o efeito mais positivo. Precisamos tanto de flexibilidade mental quanto de flexibilidade de comportamento.

Visto que os Bodhisattvas têm grande compaixão, eles fazem o que for necessário para ajudar os outros. Com efeito, os Bodhisattvas farão tudo o que tiver de ser feito para tornar alguém feliz, porque, quando os outros estão felizes, as suas mentes ficam mais abertas e receptivas a conselhos e exemplos. Se temos o desejo de influenciar os outros, só conseguiremos fazê-lo se não nos antagonizarmos com eles nem fizermos com que se sintam desconfortáveis ou amedrontados.

A prudência e a sensibilidade requeridas de um Bodhisattva quando ajuda os outros estão bem ilustradas por um episódio da vida do grande professor tibetano Geshe Langri Tangpa. Uma mulher, que recentemente havia dado à luz a uma bebê, temia perdê-la, uma vez que uma criança sua já havia morrido durante a infância. A mulher expressou a sua ansiedade à sua mãe, que lhe contou então que as crianças que eram entregues aos cuidados de Geshe Langri Tangpa não morriam. Mais tarde, quando a bebê ficou doente, a mulher levou-a para ver Geshe Langri Tangpa, mas, ao chegar, encontrou-o sentado em um trono dando ensinamentos para mil discípulos. A mulher começou a ficar preocupada, pensando que a filha morreria antes do final da aula. Ela sabia que Geshe Langri Tangpa era um Bodhisattva e que mostraria paciência; por isso, caminhou até o trono e, com um tom de voz alto e desafiador, declarou: "Toma, aqui está a tua bebê. Agora, tu deves cuidar dela!". Dirigindo-se à audiência, disse "este é o pai da minha filha", e então, voltando-se novamente para Geshe Langri Tangpa, implorou-lhe suavemente: "por favor, não a deixe morrer".

Geshe Langri Tangpa apenas acenou com a cabeça, em sinal de aceitação. Como se realmente fosse o pai da criança, envolveu-a ternamente em seus mantos e continuou com o ensinamento. Os discípulos ficaram espantados, e perguntaram-lhe: "És realmente o pai desta criança?". Sabendo que, se o negasse, a mulher seria considerada louca e as pessoas passariam a ridicularizá-la, Geshe Langri Tangpa respondeu que era o pai da criança.

Embora fosse um monge, Geshe Langri Tangpa agiu como um verdadeiro pai para a criança, alegrando-se com ela e cuidando-a. Após algum tempo, a mãe retornou para ver se a filha estava bem. Quando viu quão saudável estava, perguntou a Geshe Langri Tangpa se poderia ter a filha de volta. O Geshe, carinhosamente, retornou a menina para a mãe. Quando os discípulos compreenderam o que havia acontecido, disseram: "Então, não és realmente o pai!". Geshe Langri Tangpa respondeu: "Não, não sou". Deste modo, em relação às ações da mulher, Geshe Langri Tanga agiu com compaixão pura e de acordo com as necessidades do momento.

## A PERFEIÇÃO DE PACIÊNCIA

Paciência é uma mente virtuosa capaz de suportar dano, sofrimento ou o Dharma profundo. A paciência praticada com a motivação de bodhichitta é uma perfeição de paciência.

Precisamos cultivar paciência mesmo que não tenhamos interesse no desenvolvimento espiritual, porque, sem ela, permanecemos vulneráveis à ansiedade, frustração e inquietude. Se não tivermos paciência, será difícil manter relações pacíficas com os outros.

A paciência é o oponente à raiva, o mais potente destruidor de virtude. Podemos ver, a partir da nossa própria experiência, quanto sofrimento surge da raiva. Ela nos impede de avaliar corretamente uma situação e nos faz agir de maneiras lamentáveis. Ela destrói a nossa própria paz mental e perturba todos os que estão ao nosso redor. Mesmo pessoas que normalmente gostam de nós afastam-se quando veem que estamos com raiva. A raiva pode fazer com que rejeitemos ou insultemos os nossos próprios

**O Glorioso Completo Subjugador Que Passou Além**

*O seu corpo é de cor branca. A mão direita está no mudra de tocar a terra, e a esquerda, no mudra de expor o Dharma. Habita o Mundo O Glorioso, a leste, e purifica a ação de caluniar* pais e, quando intensa, pode levar-nos a matar as pessoas que amamos ou até fazer com que tiremos a nossa própria vida.

Normalmente, a raiva é desencadeada por algo bastante insignificante, como um comentário que tomamos como pessoal, um hábito que consideramos irritante ou uma expectativa que não é satisfeita. Com base em pequenas experiências como essas, a raiva constrói uma fantasia elaborada, exagerando o quão desagradável a situação é e proporcionando racionalizações e justificativas para o sentimento de decepção, indignação ou ressentimento. Ela nos leva a dizer e fazer coisas prejudiciais, causando, por consequência, ofensas aos outros e transformando uma pequena dificuldade em um grande problema.

Se nos perguntassem "quem causou todas as guerras, nas quais tantas pessoas morreram?", teríamos de responder que foram causadas por mentes cheias de raiva. Se as nações fossem formadas por pessoas calmas e amantes da paz, como poderiam surgir guerras? A raiva é o maior inimigo dos seres vivos. Ela nos prejudicou no passado, prejudica-nos agora e, se não a superarmos através da prática de paciência, ela continuará a nos prejudicar no futuro. Como Shantideva diz:

> (...) este inimigo, a raiva, não tem outra função
> Senão a de me prejudicar.

Inimigos externos prejudicam-nos de maneira mais lenta e menos sutil. Se praticarmos paciência com eles, poderemos até mesmo conquistar-lhes a simpatia e fazer com que se tornem nossos amigos; porém, não há conciliação possível com a raiva. Se formos tolerantes com a raiva, ela se aproveitará de nós e nos prejudicará ainda mais. Além disso, ao passo que os inimigos externos podem nos prejudicar apenas nesta vida, a raiva prejudica-nos por muitas vidas futuras. Portanto, precisamos eliminar a raiva tão logo surja em nossa mente porque, se não o fizermos, ela se converterá rapidamente em um violento incêndio, que consumirá todo o nosso mérito.

A paciência, por outro lado, ajuda-nos nesta vida e em todas as vidas futuras. Como Shantideva diz:

Não há mal maior que a raiva,
Nem virtude maior que a paciência.

Com paciência, podemos aceitar qualquer dor que nos for infligida e podemos suportar facilmente as nossas dificuldades, preocupações e indisposições habituais. Com paciência, nada perturba a nossa paz mental e não experienciamos problemas. Com paciência, mantemos uma paz e tranquilidade interiores que permitem que realizações espirituais se desenvolvam. Chandrakirti diz que, se praticarmos paciência, teremos uma forma bonita no futuro e nos tornaremos um ser sagrado, com elevadas realizações.

Há três tipos de paciência:

1. A paciência de não-retaliar;
2. A paciência de voluntariamente suportar o sofrimento;
3. A paciência de pensar definitivamente sobre o Dharma.

## A PACIÊNCIA DE NÃO-RETALIAR

Para praticar este tipo de paciência, precisamos permanecer continuamente conscientes dos perigos da raiva e dos benefícios da aceitação paciente e, sempre que a raiva estiver prestes a surgir em nossa mente, devemos aplicar imediatamente os métodos para eliminá-la. Podemos começar aprendendo a tolerar pequenas dificuldades, como ofensas insignificantes ou pequenas interferências em nossa rotina, e então, gradualmente, aprimoramos a nossa paciência, até sermos capazes de suportar as maiores dificuldades sem ficarmos com raiva.

Quando meditamos sobre paciência, podemos usar muitas linhas diferentes de raciocínio para ajudar-nos a vencer a nossa tendência de retaliar. Por exemplo, podemos contemplar que, se alguém nos batesse com um bastão, não ficaríamos com raiva do bastão, uma vez que ele estava a ser empunhado pelo agressor e, por isso, não tinha escolha. Do mesmo modo, se alguém nos ofender ou prejudicar, não devemos ficar com raiva dessa pessoa porque, por estar sendo manipulada pelas suas mentes deludidas, ela também não tem escolha. De modo semelhante, podemos pensar que, assim como um médico não fica com raiva se um paciente febril o atacar, nós também não devemos ficar com raiva se seres vivos confusos, sofrendo da doença das delusões, nos prejudicarem de algum modo. Há muitas linhas especiais de raciocínio como estas que podem ser encontradas nos livros *Caminho Alegre da Boa Fortuna*, *Como Solucionar Nossos Problemas Humanos* e *Contemplações Significativas*.

A razão fundamental pela qual somos prejudicados é que, no passado, prejudicamos os outros. Aqueles que nos atacam – isto é, que nos criticam, prejudicam, agridem ou ofendem – são meramente as condições por meio das quais o nosso carma amadurece; a verdadeira causa de todo o mal que recebemos é a nossa própria negatividade. Se, em tais circunstâncias, retaliarmos, simplesmente criamos mais carma negativo e, assim, teremos de enfrentar ainda mais problemas e sofrimentos no futuro. No entanto, se aceitarmos pacientemente danos e infortúnios, quebraremos a corrente, e esse débito cármico específico será saldado.

## A PACIÊNCIA DE VOLUNTARIAMENTE SUPORTAR O SOFRIMENTO

Se não tivermos a paciência de voluntariamente suportar o sofrimento, ficaremos desanimados sempre que encontrarmos obstáculos e toda vez que os nossos desejos não forem satisfeitos. Acharemos difícil concluir as nossas tarefas, porque sentiremos vontade de abandoná-las tão logo se tornem difíceis, e os nossos problemas e adversidades serão agravados ainda mais pela nossa impaciência. No entanto, é possível aceitar e suportar a dor se tivermos uma boa razão para fazê-lo, e, sempre que praticamos tal paciência, reduzimos efetivamente os nossos sofrimentos. Por exemplo, se alguém espetar uma agulha em nossa carne, acharemos a dor insuportável, mas se a agulha contiver uma vacina da qual precisamos, a nossa tolerância aumentará consideravelmente.

Para terem êxito em seus objetivos mundanos, as pessoas estão preparadas para suportar adversidades. Homens e mulheres de negócios sacrificam o seu lazer e paz mental apenas para ganhar dinheiro, e soldados aguentam condições extremas simplesmente para matar outros soldados. Quão mais dispostos deveríamos estar para suportar dificuldades em nome do objetivo mais valioso de todos – a aquisição da iluminação para o benefício de todos os seres vivos. Porque estamos no samsara, temos frequentemente de suportar condições desagradáveis e infortúnios. No entanto, com a paciência de voluntariamente suportar o sofrimento, podemos aceitar, alegre e corajosamente, essas adversidades sempre que surgirem. Quando os nossos desejos não se cumprem, ou quando ficamos doentes, enlutados ou passamos por dificuldades, não devemos ficar desanimados. Em vez de sentirmos autopiedade, devemos usar o nosso sofrimento para fortalecer a nossa prática espiritual. Podemos recordar que todo o nosso sofrimento é o resultado do nosso carma negativo passado e tomar então a decisão de praticar disciplina moral pura no futuro; ou podemos contemplar que, enquanto permanecermos no samsara, sofrer é inevitável e, desse modo, aumentar a nossa renúncia; ou podemos usar o nosso próprio sofrimento como uma amostra dos sofrimentos muito maiores experienciados por outros seres e, assim, fortalecer a nossa compaixão.

Se formos capazes de suportar adversidades, colheremos grandes recompensas. Os nossos sofrimentos presentes diminuirão e realizaremos tanto os nossos desejos temporários como os nossos desejos últimos. Por essa razão, não devemos ver o sofrimento como um obstáculo à nossa prática espiritual, mas como um apoio indispensável. Como Shantideva diz:

> Além disso, o sofrimento tem muitas qualidades boas.
> Por experienciá-lo, podemos dissipar o orgulho,

Desenvolver compaixão por aqueles que estão presos no samsara,
Abandonar não-virtude e deleitar-nos com virtudes.

## A PACIÊNCIA DE PENSAR DEFINITIVAMENTE SOBRE O DHARMA

Se ouvirmos, contemplarmos ou meditarmos no Dharma com uma mente paciente e alegre a fim de obter uma experiência especial dele, estaremos praticando a paciência de pensar definitivamente sobre o Dharma. Tal paciência é importante porque, se a nossa mente estiver impaciente ou infeliz quando nos empenhamos na prática de Dharma, isso obstrui o nosso progresso espiritual e nos impede de aprimorar a nossa sabedoria de Dharma. Ainda que alguns aspectos da nossa prática de Dharma nos pareçam difíceis, temos, mesmo assim, de nos empenhar neles com uma mente feliz.

## A PERFEIÇÃO DE ESFORÇO

Esforço é uma mente que se deleita com virtude. O esforço praticado com a motivação de bodhichitta é uma perfeição de esforço. O esforço não é algo a ser praticado separadamente, mas uma prática que deve acompanhar todas as nossas atividades virtuosas. Praticamos esforço quando nos dedicamos entusiasticamente ao estudo ou à meditação do Dharma, quando nos empenhamos em alcançar realizações de Dharma ou quando nos esforçamos para ajudar os outros. No entanto, quando nos dedicamos energicamente a ações não-virtuosas ou neutras, isso não é uma prática de esforço.

Com esforço, podemos alcançar felicidade mundana e supramundana – ele nos possibilita concluir as ações virtuosas que são a causa de nascer nos reinos afortunados, bem como aquelas que conduzem à libertação e à iluminação. Com esforço, podemos purificar todas as nossas negatividades e alcançar quaisquer boas qualidades que desejarmos. No entanto, sem esforço, somos incapazes de completar as nossas práticas espirituais, mesmo que a nossa sabedoria seja aguçada.

***Hoste Gloriosa Que Tudo Ilumina***

*O seu corpo é de cor amarela. A mão direita segura uma lua, e a esquerda, uma árvore-que-satisfaz-os-desejos. Habita o Mundo Adornado com Luz, ao sul, e purifica a ação de regozijar-se com o mal*

Para gerar esforço, precisamos superar os três tipos de preguiça: procrastinação, atração pelo que é sem significado ou não-virtuoso, e desânimo. A procrastinação é uma relutância ou falta de vontade de colocar imediatamente esforço na prática espiritual. Por exemplo, embora possamos ter interesse pelo Dharma e a intenção de praticá-lo, talvez imaginemos que possamos adiar a nossa prática para algum momento no futuro – quando estivermos em férias, ou quando as crianças já estiverem crescidas, ou quando estivermos aposentados. Esta é uma atitude perigosa, porque a oportunidade para praticar o Dharma é facilmente perdida. A morte pode abater-se sobre nós a qualquer instante. Além disso, quando terminarmos a tarefa específica que, em um dado momento, está nos impedindo de praticar o Dharma, podemos ter certeza de que outra surgirá em seu lugar. As atividades mundanas são como a barba de um homem idoso – embora possa ter se barbeado pela manhã, ela já terá crescido ao anoitecer. Portanto, devemos abandonar a procrastinação e começar a praticar o Dharma imediatamente. O melhor remédio para a preguiça da procrastinação é meditar na nossa preciosa vida humana e sobre a morte e impermanência.

A maioria de nós está muito familiarizada com o segundo tipo de preguiça. Cedemos a ela sempre que assistimos à televisão durante horas, sem prestar muita atenção ao que vemos; quando nos entregamos a conversas prolongadas que não têm nenhum propósito; ou quando ficamos absortos com esportes ou projetos de negócios como um fim em si mesmos. Atividades como essas dissipam a energia que temos para praticar o Dharma. Embora possam parecer agradáveis, elas nos enganam – desperdiçam a nossa preciosa vida humana e destroem a nossa oportunidade de alcançar felicidade verdadeira e duradoura. Para superar este tipo de preguiça, precisamos meditar repetidamente nos perigos do samsara, relembrando que todos os prazeres e divertimentos da vida mundana são enganosos porque, na verdade, servem apenas para prender-nos ao samsara e causar-nos ainda mais sofrimento.

A preguiça do desânimo é muito comum nestes tempos degenerados. Uma vez que não podemos ver com os nossos próprios olhos exemplos vivos de seres iluminados, e uma vez que o nosso progresso espiritual é frequentemente mais lento do que esperaríamos que fosse, pode ser que comecemos a duvidar de que a Budeidade seja possível, ou podemos chegar à conclusão de que ela deve ser tão rara que quase não há esperança de alcançá-la. Podemos também ver falhas em nosso Guia Espiritual e naqueles que estão praticando o Dharma e, com base nisso, concluir que eles não têm realizações e que o esforço aplicado na prática de Dharma foi um desperdício. Se sentirmos que estamos ficando desanimados desse modo, precisamos recordar que todas as aparências às mentes dos seres comuns são equivocadas, pois estão contaminadas pela ignorância. Podemos ter a certeza de que, quando eliminarmos a nossa ignorância e alcançarmos mentes puras através de praticar o Dharma sinceramente, seres puros, como os Budas, definitivamente aparecerão para nós.

Se nos esforçarmos para alcançar realizações mais elevadas antes de termos dominado as básicas, com certeza ficaremos desanimados. Precisamos compreender que mesmo as realizações mais elevadas têm começos pequenos, modestos, e assim aprender a valorizar as pequenas experiências de Dharma que já tenhamos alcançado. É provável que a nossa atitude para com as outras pessoas seja agora menos parcial que a de costume, ou talvez estejamos mais pacientes ou menos arrogantes, ou talvez a nossa fé esteja mais forte. Estes pequenos progressos são as sementes que, por fim, irão crescer e se transformar em realizações elevadas, e temos de apreciá-los como tal. Não devemos esperar grandes mudanças imediatamente. Todos nós temos a natureza búdica – o potencial para alcançar a grande iluminação – e, agora que encontramos instruções perfeitas sobre o Caminho Mahayana, se o praticarmos continuamente sem desanimar, acabaremos definitivamente por alcançar a iluminação, sem termos de nos submeter a grandes dificuldades ou provações. Portanto, que razão há para ficarmos desanimados?

Há três tipos de esforço: o *esforço semelhante-a-uma-armadura*, que é uma forte determinação de ter êxito que geramos no início de uma ação virtuosa; o *esforço de reunir Dharmas virtuosos*, que é o esforço propriamente dito que aplicamos quando nos empenhamos para obter realizações de Dharma; e o *esforço de beneficiar os outros*, que é o esforço que aplicamos quando nos empenhamos em beneficiar os seres vivos.

Precisamos aplicar esforço de maneira hábil. Algumas pessoas começam a sua prática com grande entusiamo e, depois, a abandonam quando grandes resultados não aparecem – elas são como uma cascata formada por uma tempestade repentina, cujas águas caem vigorosamente por um breve período para, logo depois, reduzir-se a gotas e desaparecer. O nosso esforço não deve ser assim. Bem no início da nossa prática, devemos tomar a firme determinação de que iremos perseverar até alcançarmos a Budeidade, sem nos importarmos com o tempo que isso leve, mesmo que demore muitas vidas. Com base nisso, devemos praticar de maneira suave e constante, como um rio caudaloso que flui dia e noite, ano após ano.

Quando estivermos cansados, devemos relaxar e recomeçar a nossa prática após sentirmos que estamos devidamente revigorados. Se tentarmos nos forçar além da nossa capacidade natural, isso apenas nos tornará tensos, irritados ou doentes. A prática de Dharma deve ser uma atividade alegre. Se os outros nos virem infelizes enquanto praticamos o Dharma, eles não acreditarão que o Dharma traz paz e felicidade. É dito que, ao praticar o Dharma, devemos ser como uma criança brincando. Quando as crianças estão concentradas em seus jogos, elas se sentem completamente satisfeitas, e nada consegue distraí-las.

## A PERFEIÇÃO DE ESTABILIZAÇÃO MENTAL

Estabilização mental, ou concentração, é uma mente cuja natureza é estar posicionada, de modo estritamente focado, em um objeto virtuoso, e cuja função é impedir distrações. Qualquer concentração praticada com a motivação de bodhichitta é uma perfeição de estabilização mental.

Para os seres comuns, a concentração funciona principalmente por meio da percepção mental. As nossas percepções sensoriais podem contemplar objetos e permanecer estritamente focadas neles, mas elas não são concentrações. Por exemplo, quando a nossa percepção visual fita, de modo estritamente focado, uma vela, ou quando a nossa percepção auditiva fica absorta em uma música, não estamos praticando concentração. Para melhorar a nossa concentração com o propósito de alcançarmos as nove permanências mentais e, por fim, o tranquilo-permanecer, é necessário que a nossa mente se recolha e permaneça longamente, de modo estritamente focado, no seu objeto. Para realizar isto, precisamos tomar como nosso objeto principal de concentração uma imagem genérica, ou imagem mental, que aparece – ou surge – à percepção mental. Através do poder da concentração, a imagem genérica, por fim, é desgastada, e o objeto é percebido diretamente.

Quando o mar está agitado, os sedimentos são revolvidos e a água se torna turva; mas, quando o vento diminui, o lodo gradualmente assenta e a água volta a ficar clara. Do mesmo modo, em uma mente apaziguada por concentração, as delusões diminuem de intensidade e a mente torna-se extremamente lúcida. No momento presente, nossas mentes são intratáveis, desobedientes, recusando-se a cooperar com nossas intenções virtuosas; mas a concentração dissolve a tensão existente no nosso corpo e mente, tornando-os maleáveis, confortáveis e fáceis de lidar. Para uma mente distraída, é difícil familiarizar-se o suficiente com seu objeto a ponto de induzir realizações espontâneas, uma vez que ela sente como se a mente estivesse "aqui", e o objeto, "ali". Entretanto, uma mente concentrada penetra no seu objeto e funde-se com ele, e, como resultado, as realizações das etapas do caminho são rapidamente alcançadas.

A estabilização mental pode ser usada tanto para propósitos mundanos quanto supramundanos. Ingressamos nos níveis mais elevados do samsara refinando a mente através da prática de concentração. Assim que o meditador alcança o tranquilo-permanecer, ele pode, se desejar, prosseguir para obter um renascimento nos reinos da forma e da sem-forma. Para isto, ele, ou ela, começará contemplando a natureza densa e dolorosa do reino do desejo e a relativa paz, pureza e sutilidade do reino da forma. Gradualmente, abandonará as delusões do reino do desejo – principalmente, o desejo relacionado aos sentidos, bem como todas as formas de raiva – para que, em sua próxima vida, possa renascer como um deus do reino da forma. Se continuar a refinar a sua mente, o meditador gradualmente irá ascender a níveis progressivamente mais sutis de concentração, até, por fim, alcançar a assim denominada "concentração do topo do samsara". Com esta concentração, ele pode renascer no *topo do samsara* – o nível mais elevado do reino da sem-forma, como também a aquisição mais elevada que há no samsara. Tal renascimento é alcançado principalmente por força de concentração, mas sem a sabedoria que realiza a vacuidade. Alguns não-budistas acreditam equivocadamente que esse é um estado de libertação, mas, embora nesta etapa as delusões densas tenham sido suprimidas, as delusões muito sutis ainda não foram eliminadas; em razão disto, as delusões mais densas, por fim, ressurgirão, obrigando o meditador a descer novamente para estados inferiores de existência.

Somente uma realização direta da vacuidade tem o poder de cortar o *continuum* do agarramento ao em-si, a raiz de todas as delusões, e, assim, libertar-nos completamente do samsara. Portanto, desde o início, devemos treinar o tranquilo-permanecer com a motivação de renúncia e de bodhichitta, para que possamos superar o agarramento ao em-si juntamente com as suas marcas e libertar a nós mesmos e a todos os seres vivos dos sofrimentos do samsara.

Em tempos antigos, era relativamente fácil alcançar o tranquilo-permanecer e as absorções dos reinos da forma e da sem-forma; porém, nos dias de hoje – à medida que o nosso mérito diminui, as nossas delusões se fortalecem e as distrações aumentam –, essas aquisições são muito mais difíceis de obter. Portanto, precisamos nos preparar bem, especialmente por meio de superarmos o apego desejoso, e estar dispostos a praticar continuamente por um longo período, antes de podermos alcançar níveis mais elevados de concentração.

**Joia Lótus Grande Subjugador**
*O seu corpo é de cor vermelha. A mão direita segura uma joia-que-satisfaz-os-desejos, e a esquerda, um lótus. Habita o Mundo O Glorioso, a oeste, e purifica a ação de abandonar o Dharma*

No decorrer do processo de dominar as concentrações dos reinos da forma e da sem-forma, obteremos clarividência e outros poderes miraculosos. Embora tenham pouco significado em si mesmos, esses poderes podem ser utilizados pelos Bodhisattvas para aprimorar a sua habilidade de ajudar os outros. Por exemplo, embora possamos ter intenções muito boas, algumas vezes avaliamos mal uma situação precisamente por não conhecermos as mentes dos outros, e as nossas ações acabam por ser mais um obstáculo do que uma ajuda. Tais problemas podem ser superados por meio de desenvolvermos uma clarividência que conhece a mente dos outros. No entanto, não devemos nos empenhar para alcançar clarividência nem poderes miraculosos simplesmente para o nosso próprio benefício. Se tivermos tomado os votos bodhisattva, devemos ter um forte interesse em melhorar a nossa concentração unicamente com o objetivo de ela ser um recurso para cumprir o nosso desejo de beneficiar os outros. Se, tendo tomado os votos bodhisattva, não manifestarmos nenhum interesse em melhorar nossa concentração, incorreremos numa queda moral secundária.

## A PERFEIÇÃO DE SABEDORIA

Sabedoria é uma mente virtuosa que funciona principalmente para dissipar dúvidas e confusão por meio de compreender o seu objeto por completo. A sabedoria praticada com a motivação de bodhichitta é uma perfeição de sabedoria.

Sabedoria não é o mesmo que inteligência mundana. É possível ter grande inteligência, mas pouca sabedoria. Por exemplo, as pessoas que inventam armas de destruição em massa são muito inteligentes do ponto de vista mundano, mas têm pouquíssima sabedoria. De modo semelhante, há pessoas que conhecem um número imenso de fatos e compreendem assuntos técnicos bastante complexos, mas que não têm ideia de como manter uma mente pacífica e levar uma vida virtuosa. Tais pessoas podem ter grande inteligência, mas possuem pouca sabedoria.

Sabedoria é um tipo especial de compreensão que induz paz mental por meio de distinguir claramente o que é virtuoso e deve ser praticado daquilo que é não-virtuoso e deve ser evitado. A sabedoria proporciona visão à nossa prática espiritual. Sem a orientação da sabedoria, as outras cinco perfeições são cegas e incapazes de nos conduzir à destinação final – a Budeidade.

Uma realização direta da verdade última, a vacuidade, somente pode ser alcançada por meio de uma sabedoria que esteja associada ao tranquilo-permanecer. Com uma mente divagante, nunca perceberemos um objeto sutil – como a vacuidade – com clareza suficiente para sermos capazes de realizá-lo diretamente, do mesmo modo que não conseguimos ler adequadamente um livro com a luz trêmula de uma vela. Treinar estabilização mental é como proteger a nossa mente contra os ventos dos pensamentos distrativos, ao passo que a sabedoria é como a própria luz da chama. Quando ambas – a estabilização mental e a sabedoria – estão reunidas, obtemos uma percepção clara e poderosa do objeto.

Após termos alcançado o tranquilo-permanecer, devemos nos empenhar para alcançar a união do tranquilo-permanecer com a visão superior que observa a vacuidade. A natureza da visão superior é sabedoria. Assim como o tranquilo-permanecer é um tipo especial e superior de concentração, a visão superior é uma sabedoria superior que surge na dependência do tranquilo-permanecer. Quando tivermos alcançado o tranquilo-permanecer, a nossa concentração não poderá ser perturbada por pensamentos conceituais. Ela será inabalável como uma imensa montanha, que não pode ser deslocada pelo vento. Com tal concentração estável, podemos investigar o nosso objeto observado mais profundamente. Pelo poder de repetida investigação, por fim obteremos um conhecimento superior sobre a natureza do nosso objeto de meditação. Essa sabedoria de investigação, por sua vez, induz uma maleabilidade mental especial. A visão superior é a sabedoria que é qualificada por tal maleabilidade.

Ao alcançarmos pela primeira vez a visão superior que observa a vacuidade, nossa realização da vacuidade ainda será conceitual, mas, se continuarmos a meditar na vacuidade com a sabedoria da visão superior, conseguiremos eliminar gradualmente a imagem genérica até, por fim, percebermos a vacuidade diretamente, sem um vestígio sequer de conceitualização.

Visto que os Bodhisattvas desejam alcançar a iluminação o mais rapidamente possível, eles têm um forte desejo de acumular poderoso mérito rapidamente. Por essa razão, praticam cada uma das seis perfeições juntamente com todas as demais. Por exemplo, quando os Bodhisattvas praticam o dar, eles o fazem sem autointeresse, não esperando nada em troca. Desse modo, praticam de acordo com os seus votos bodhisattva e combinam a perfeição de dar com a perfeição de disciplina moral. Por aceitarem pacientemente quaisquer dificuldades envolvidas e não permitirem que a raiva surja caso não recebam nenhuma gratidão, eles combinam a perfeição de dar com a perfeição de paciência. Por darem alegremente, combinam a perfeição de dar com a perfeição de esforço. Por concentrarem as suas mentes no pensamento "que o mérito da minha ação de dar permita que esta pessoa alcance a Budeidade", eles combinam a perfeição de dar com a perfeição de estabilização mental. Por fim, por compreenderem que *aquele que dá*, *aquilo que é dado* e a *ação de dar* carecem, todos, de existência inerente, os Bodhisattvas combinam a perfeição de dar com a perfeição de sabedoria.

As demais perfeições também podem ser praticadas desse modo, com cada perfeição sendo praticada juntamente com todas as demais. Esta ação hábil de um Bodhisattva é como uma armadura, uma vez que acelera a conclusão das duas coleções – a coleção de mérito e a coleção de sabedoria –, que são as causas do Corpo-Forma e do Corpo-Verdade de um Buda respectivamente. Porque os Bodhisattvas executam todas as suas ações com a motivação de bodhichitta, a integralidade das suas vidas é dedicada à prática das seis perfeições e, desse modo, eles evitam incorrer em qualquer das quedas morais raízes e secundárias dos votos bodhisattva.

# *Os Resultados*

**Por praticarmos os** métodos descritos neste livro, alcançaremos, por fim, a bodhichitta espontânea, e, desse momento em diante, o desejo de alcançar a Budeidade para o benefício de todos os seres vivos surgirá naturalmente, dia e noite. Teremos então nos tornado um Bodhisattva no Caminho Mahayana da Acumulação.

Quando, por continuarmos a treinar concentração e sabedoria com a motivação de bodhichitta, alcançarmos a união do tranquilo-permanecer com a visão superior que observa a vacuidade, teremos nos tornado um Bodhisattva no Caminho Mahayana da Preparação; e quando, por aprimorar essa união, obtivermos uma realização direta da vacuidade, teremos avançado para o Caminho Mahayana da Visão. Nesta etapa, todas as delusões intelectualmente formadas são abandonadas. Depois, no momento em que alcançarmos uma sabedoria incontaminada que atua como o antídoto direto contra o primeiro nível de delusões inatas, teremos avançado para o Caminho Mahayana da Meditação.

Continuando a meditar na vacuidade, por fim alcançaremos a *concentração semelhante-a-um-vajra* do Caminho da Meditação, que é tanto o antídoto direto contra as obstruções mais sutis à onisciência como também a última mente de um ser senciente. No momento seguinte, o Caminho Mahayana do Não-Mais-Aprender é alcançado, e tornamo-nos um Buda plenamente iluminado. A nossa mente estará, então, livre de todas as obstruções, veremos todos os fenômenos passados, presentes e futuros direta e simultaneamente, e teremos a habilidade de ajudar todos os seres vivos por meio de emanarmos infinitos Corpos-Emanação.

**Rei do Monte Meru, Sentado Firmemente numa Joia e num Lótus**
*O seu corpo é de cor azul-celeste. Com ambas as mãos, segura o Monte Meru. Habita o Mundo Joia, ao norte, e purifica a ação de quebrar compromissos*

# *Dedicatória*

**Pelas virtudes que** criei por ler e contemplar estas instruções e meditar nelas, que todos os seres vivos ingressem no estilo de vida do Bodhisattva e realizem rapidamente o êxtase supremo da plena iluminação.

Este livro, *O Voto Bodhisattva*, são os ensinamentos do Venerável Geshe Kelsang Gyatso Rinpoche. Estes ensinamentos foram gravados e transcritos e, então, editados principalmente por ele e por alguns dos seus estudantes seniores.

# Apêndice I:

## *O Sentido Condensado do Comentário*

# *O Sentido Condensado do Comentário*

O comentário, *O Voto Bodhisattva*, tem cinco partes:

1. Introdução;
2. O método para receber e manter os votos bodhisattva;
3. O método para concluir os votos e os treinos de um Bodhisattva;
4. Os resultados;
5. Dedicatória.

*O método para receber e manter os votos bodhisattva* tem cinco partes:

1. Tomar os votos de refúgio;
2. Gerar bodhichitta;
3. Manter a bodhichitta aspirativa por meio de ritual;
4. Receber os votos bodhisattva;
5. Manter alegria e conscienciosidade.

*O método para concluir os votos e os treinos de um Bodhisattva* tem três partes:

1. Uma explicação das quedas morais dos votos bodhisattva;
2. Um método para purificar quedas morais;
3. Os treinos propriamente ditos de um Bodhisattva.

*Uma explicação das quedas morais dos votos bodhisattva* tem duas partes:

1. As quarenta e seis quedas morais secundárias;
2. As dezoito quedas morais raízes.

*Um método para purificar quedas morais* tem duas partes:

1. O *Sutra Mahayana dos Três Montes Superiores*;
2. Explicação da prática.

*Explicação da prática* tem três partes:

1. Introdução à prática;
2. A visualização;
3. A prática propriamente dita.

*A prática propriamente dita* tem três partes:

1. Purificar ações não-virtuosas;
2. Dedicar virtudes;
3. Conclusão.

*Purificar ações não-virtuosas* tem quatro partes:

1. O poder da confiança;
2. O poder da força oponente;
3. O poder do arrependimento;
4. O poder da promessa.

*Os treinos propriamente ditos de um Bodhisattva* tem seis partes:

1. A perfeição de dar;
2. A perfeição de disciplina moral;
3. A perfeição de paciência;
4. A perfeição de esforço;
5. A perfeição de estabilização mental;
6. A perfeição de sabedoria.

*A perfeição de dar* tem três partes:

1. Dar coisas materiais;
2. Dar Dharma;
3. Dar destemor.

*A perfeição de disciplina moral* tem três partes:

1. A disciplina moral de abstenção;
2. A disciplina moral de reunir Dharmas virtuosos;
3. A disciplina moral de beneficiar os seres vivos.

*A perfeição de paciência* tem três partes:

1. A paciência de não-retaliar;
2. A paciência de voluntariamente suportar o sofrimento;
3. A paciência de pensar definitivamente sobre o Dharma.

# Apêndice II:

## *Votos e Compromissos*

# *Votos e Compromissos*

## OS VOTOS DE REFÚGIO

1. Não buscar refúgio em professores que contradizem a visão de Buda nem em deuses samsáricos;
2. Considerar qualquer imagem de Buda como um Buda efetivo;
3. Não prejudicar os outros;
4. Considerar qualquer escritura de Dharma como sendo a Joia Dharma efetiva;
5. Não nos permitir sermos influenciados por pessoas que rejeitam os ensinamentos de Buda;
6. Considerar todos os que usam as vestes de uma pessoa ordenada como sendo uma Joia Sangha efetiva;
7. Buscar refúgio, muitas e muitas vezes, nas Três Joias, lembrando suas boas qualidades e o que as diferencia entre si;
8. Oferecer a primeira porção de tudo o que comemos e bebemos às Três Joias, enquanto lembramos sua bondade;
9. Com compaixão, sempre encorajar os outros a buscarem refúgio;
10. Lembrando os benefícios de buscar refúgio, buscar refúgio pelo menos três vezes durante o dia e três vezes durante a noite;

11. Executar qualquer ação com plena confiança nas Três Joias;
12. Nunca abandonar as Três Joias, mesmo à custa da nossa vida, muito menos por brincadeira.

## OS PRECEITOS DA BODHICHITTA ASPIRATIVA

1. Relembrar os benefícios da bodhichitta seis vezes por dia;
2. Gerar a bodhichitta seis vezes por dia;
3. Não abandonar nenhum ser vivo;
4. Acumular mérito e sabedoria;
5. Não trapacear ou enganar nossos Preceptores ou Guias Espirituais;
6. Não criticar os que ingressaram no Mahayana;
7. Não fazer com que os outros se arrependam de suas ações virtuosas;
8. Não fingir ter boas qualidades nem esconder nossas falhas sem uma intenção pura e especial.

## AS QUEDAS MORAIS RAÍZES DOS VOTOS BODHISATTVA

1. Elogiar a si mesmo e desprezar os outros;
2. Não dar riqueza ou Dharma;
3. Não aceitar pedidos de desculpa;
4. Abandonar o Mahayana;
5. Roubar o que pertence às Três Joias;
6. Abandonar o Dharma;
7. Tomar de volta as vestes cor de açafrão;
8. Cometer as cinco ações hediondas;
9. Sustentar visões errôneas;
10. Destruir locais, tais como cidades;
11. Explicar a vacuidade àqueles que, provavelmente, a compreenderão mal;
12. Fazer com que os outros abandonem o Mahayana;

13. Fazer com que os outros abandonem o Pratimoksha;
14. Depreciar o Hinayana;
15. Falar falsamente sobre a vacuidade profunda;
16. Aceitar posses que foram roubadas das Três Joias;
17. Estabelecer más regras;
18. Desistir da bodhichitta.

## AS QUEDAS MORAIS SECUNDÁRIAS DOS VOTOS BODHISATTVA

### Quedas morais que obstruem a perfeição de dar

1. Não fazer oferendas às Três Joias todos os dias;
2. Entregar-se a prazeres mundanos por apego;
3. Ser desrespeitoso com aqueles que receberam os votos bodhisattva antes de nós;
4. Não responder aos outros;
5. Não aceitar convites;
6. Não aceitar presentes;
7. Não dar Dharma àqueles que o desejam.

### Quedas morais que obstruem a perfeição de disciplina moral

8. Desamparar aqueles que quebraram sua disciplina moral;
9. Não agir de maneira que inspire fé nos outros;
10. Fazer pouco para beneficiar os outros;
11. Não acreditar que a compaixão dos Bodhisattvas garanta que todas as suas ações sejam puras;
12. Obter riqueza ou fama por meio de um modo de vida errôneo;
13. Entregar-se a frivolidades;
14. Afirmar que os Bodhisattvas não precisam abandonar o samsara;
15. Não evitar má reputação;
16. Não ajudar os outros a evitarem negatividade.

## Quedas morais que obstruem a perfeição de paciência

17. Retaliar dano ou abuso;
18. Não pedir desculpa quando tivermos a oportunidade;
19. Não aceitar pedidos de desculpa;
20. Não nos esforçarmos para controlar a nossa raiva.

## Quedas morais que obstruem a perfeição de esforço

21. Motivado pelo desejo de lucro ou respeito, reunir um círculo de seguidores;
22. Não tentar superar a preguiça;
23. Motivado por apego, entregar-se a conversas sem sentido.

## Quedas morais que obstruem a perfeição de estabilização mental

24. Negligenciar o treino em estabilização mental;
25. Não superar obstáculos à estabilização mental;
26. Ficar absorto com o "sabor" da estabilização mental.

## Quedas morais que obstruem a perfeição de sabedoria

27. Abandonar o Hinayana;
28. Estudar o Hinayana em detrimento da nossa prática mahayana;
29. Estudar assuntos que não sejam Dharma sem uma boa razão;
30. Ficar absorto com assuntos que não sejam Dharma em função de nosso próprio interesse;
31. Criticar outras tradições mahayana;
32. Elogiar a si mesmo e desprezar os outros;
33. Não aplicar esforço para estudar o Dharma;
34. Preferir confiar em livros em vez de confiar em nosso Guia Espiritual.

### Quedas morais que obstruem a disciplina moral de beneficiar os outros

35. Não prestar auxílio aos que precisam de ajuda;
36. Negligenciar cuidados aos doentes;
37. Não agir para eliminar o sofrimento;
38. Não ajudar os outros a superarem os seus maus hábitos;
39. Não retribuir ajuda àqueles que nos beneficiam;
40. Não aliviar a angústia dos outros;
41. Não ajudar os que buscam caridade;
42. Não dispensar cuidados especiais aos discípulos;
43. Não agir de acordo com as inclinações dos outros;
44. Não elogiar as boas qualidades dos outros;
45. Não fazer ações iradas quando apropriado;
46. Não se utilizar de poderes miraculosos, ações ameaçadoras, e assim por diante.

# Apêndice III:

## *Manual para a Prática Diária dos Votos Bodhisattva e Tântricos*

# *Introdução*

**Aqueles que receberam** os votos bodhisattva e os votos tântricos devem saber que os compromissos desses votos são o fundamento básico sobre o qual as realizações do Mahayana e do Vajrayana crescerão. Se negligenciarmos esses compromissos, nossa prática do Mahayana e do Vajrayana não terá poder. Je Tsongkhapa disse:

> As duas conquistas dependem, ambas,
> De meus sagrados votos e compromissos;
> Abençoa-me, para entender isso claramente
> E conservá-los à custa da minha vida.

As *duas conquistas* referem-se às duas aquisições: as aquisições comuns (as realizações de Sutra) e as aquisições incomuns (as realizações de Tantra).

Os *Sutras Perfeição de Sabedoria* e os ensinamentos de Lamrim explicam extensamente a prática das seis perfeições como sendo o compromisso dos votos bodhisattva. As seis perfeições são as práticas de dar, disciplina moral, paciência, esforço, concentração e sabedoria, motivadas pela mente compassiva da bodhichitta. Por nos empenharmos sinceramente na prática das seis perfeições, podemos cumprir todos os compromissos dos nossos votos bodhisattva, incluindo os compromissos de abandonar as dezoito quedas morais raízes e as 46 quedas morais secundárias.

Na prática de dar amor, se sinceramente apreciarmos todos os seres vivos, não haverá base para incorrermos em nenhuma das quedas morais dos votos bodhisattva e tântricos, pois essas quedas são motivadas, necessariamente, pelo autoapreço.

Embora existam muitos compromissos dos votos tântricos – tais como abandonar muitas quedas morais, especialmente as quatorze quedas raízes –, podemos cumpri-los todos através de praticarmos sinceramente os dezenove compromissos das Cinco Famílias Búdicas. Por cumprir nossos compromissos dos votos pratimoksha, bodhisattva e tântricos, podemos rapidamente fazer progressos no caminho para a iluminação.

Devemos saber que, em verdade, nossos compromissos dos votos pratimoksha, bodhisattva e tântricos são o único método para solucionar os nossos próprios problemas e os dos outros, bem como o único método para fazer a nós mesmos e aos outros felizes. Isso é o que realmente precisamos. Nunca devemos pensar que nossos compromissos são como um fardo pesado; ao contrário, devemos pensar, sempre, que eles são como uma joia-que-satisfaz--os-desejos que nos foi dada por Buda, e que devemos mantê-los puramente, mesmo à custa de nossa vida.

*Geshe Kelsang Gyatso*
*2007*

# *Manual para a Prática Diária dos Votos Bodhisattva e Tântricos*

## PARTE UM: A PRÁTICA DOS VOTOS BODHISATTVA

### Visualizar Guru Buda Shakyamuni

No espaço à minha frente, está Buda Shakyamuni vivo, rodeado por todos os Budas e Bodhisattvas, como a lua cheia rodeada pelas estrelas.

### Tomar os Votos Bodhisattva

*Com forte fé, junte suas mãos na altura do coração, no gesto de prostração. Verbal ou mentalmente, recite três vezes a seguinte prece ritual, enquanto você se concentra em seu significado.*

Ó Guru Buda Shakyamuni, por favor, ouve o que agora direi.
Doravante, até que eu alcance a iluminação,
Busco refúgio nas Três Joias – Buda, Dharma e Sangha –
E confesso todas e cada uma das minhas ações negativas.

*Isso significa: Aplicarei esforço para purificar todas as ações negativas juntamente com suas raízes, as delusões.*

Regozijo-me com as virtudes de todos os seres,

*Isso significa: Regozijo-me e empenho-me na prática do estilo de vida do Bodhisattva, isto é, a prática das seis perfeições. Essa é a maneira de praticar os votos bodhisattva.*

E prometo realizar a iluminação de um Buda.

*Isso significa: Prometo realizar a iluminação de um Buda a fim de libertar, permanentemente, todos os seres vivos do sofrimento.*

Nessa prece ritual, você prometeu realizar a iluminação de um Buda a fim de libertar, permanentemente, todos os seres vivos do sofrimento. Essa promessa é o seu voto bodhisattva. Para cumprir sua promessa, você precisa se empenhar no estilo de vida do Bodhisattva – a prática das seis perfeições; elas são os compromissos do voto bodhisattva. Desse modo, você poderá fazer progressos no caminho para a iluminação: desde o Caminho da Acumulação, passando pelo Caminho da Preparação, o Caminho da Visão e o Caminho da Meditação, até alcançar o Caminho do Não-Mais--Aprender – que é a iluminação.

As seis perfeições são as práticas de dar, disciplina moral, paciência, esforço, concentração e sabedoria, motivadas por bodhichitta. Você deve reconhecer que as seis perfeições são a sua prática diária – elas são os compromissos de seu voto bodhisattva.

Na prática de **dar**, você deve praticar:

1. Dar ajuda material aos que estão na pobreza, incluindo dar comida aos animais;
2. Dar ajuda prática aos doentes ou fisicamente debilitados;
3. Dar proteção, sempre tentando salvar a vida dos outros, incluindo a dos insetos;
4. Dar amor, aprendendo a apreciar todos os seres vivos, acreditando sempre que a felicidade e a liberdade deles são importantes; e

5. Dar Dharma, ajudando os outros a solucionarem os seus problemas da raiva, apego e ignorância através de dar ensinamentos de Dharma ou conselhos significativos.

Na prática de **disciplina moral**, você deve abandonar quaisquer ações inadequadas, incluindo aquelas que causam sofrimento aos outros. Por fazer isso, suas ações de corpo, fala e mente serão puras, de modo que você se tornará um ser puro. Este é o fundamento básico sobre o qual todas as realizações espirituais crescerão.

Na prática de **paciência**, você nunca deve se permitir ficar com raiva ou desencorajado, mas aceitar temporariamente quaisquer dificuldades ou danos vindos dos outros. Esta é a prática de paciência. A raiva destrói o seu mérito, ou boa fortuna, de modo que você experienciará continuamente muitos obstáculos, e, devido à carência de boa fortuna, será difícil satisfazer os seus desejos, especialmente as suas metas espirituais. Não existe maior mal do que a raiva. Com a prática da paciência, você pode realizar qualquer meta espiritual; não existe virtude maior do que a paciência.

Na prática de **esforço**, você deve confiar em esforço irreversível para acumular as grandes coleções de mérito e de sabedoria, que são as causas principais para se obter o Corpo-Forma (*Rupakaya*) e o Corpo-Verdade (*Dharmakaya*) de um Buda; e, especialmente, você deve enfatizar a contemplação e a meditação sobre a vacuidade, o modo como as coisas realmente são. Fazendo isso, você pode facilmente fazer progressos no caminho para a iluminação. Com esforço, você pode realizar a sua meta, ao passo que, com preguiça, você não pode obter resultado algum.

Na prática de **concentração**, você deve enfatizar, nesta etapa, a aquisição da concentração do tranquilo-permanecer que observa a vacuidade. Quando, pelo poder dessa concentração, você experienciar uma sabedoria especial denominada "visão superior", que realiza a vacuidade de todos os fenômenos de modo muito claro, você terá progredido, passando de um Bodhisattva no Caminho da Acumulação para ser um Bodhisattva no Caminho da Preparação.

Na prática de **sabedoria**, você precisa enfatizar, nesta etapa, o aumento do poder da sua sabedoria da visão superior através de meditar continuamente, com a motivação de bodhichitta, na vacuidade de todos os fenômenos. Por meio disso, quando a sua visão superior se transformar no Caminho da Visão, que é a realização direta da vacuidade de todos os fenômenos, você terá progredido, passando de um Bodhisattva no Caminho da Preparação para ser um Bodhisattva no Caminho da Visão. No momento em que alcançar o Caminho da Visão, você será um Bodhisattva superior, que não mais experiencia os sofrimentos do samsara. Mesmo que alguém corte o seu corpo pedaço por pedaço com uma faca, você não sentirá dor, porque terá uma realização direta do modo como as coisas realmente são.

Tendo completado o Caminho da Visão, você precisa, para continuar a fazer progressos, empenhar-se continuamente, com a motivação de bodhichitta, na meditação sobre a vacuidade de todos os fenômenos. Essa meditação é denominada "o Caminho da Meditação". Quando alcançar essa etapa, você terá progredido, passando de um Bodhisattva no Caminho da Visão para ser um Bodhisattva no Caminho da Meditação.

Ao completar o Caminho da Meditação, a sua sabedoria do Caminho da Meditação transforma-se na sabedoria onisciente que experiencia a cessação permanente das aparências equivocadas; a partir desse momento, essa sabedoria onisciente passa a ser denominada "o Caminho do Não-Mais-Aprender", que é a iluminação propriamente dita. Quando alcançar essa etapa, você terá progredido, passando de um Bodhisattva no Caminho da Meditação para o estado de um ser iluminado, um Buda. Você terá concluído o objetivo último dos seres vivos.

## PARTE DOIS:
## A PRÁTICA DOS VOTOS TÂNTRICOS

### Visualizar Guru Buda Shakyamuni

No espaço à minha frente, está Buda Shakyamuni vivo, rodeado por todos os Budas e Bodhisattvas, como a lua cheia rodeada pelas estrelas.

### Tomar os Votos Tântricos

*Com forte fé, junte suas mãos na altura do coração, no gesto de prostração. Verbal ou mentalmente, recite três vezes a seguinte prece ritual, enquanto você se concentra em seu significado.*

Ó Guru Buda Shakyamuni, por favor, ouve o que agora direi.
Doravante, até que eu alcance a iluminação,
Manterei, para o bem de todos os seres vivos,
Os votos e compromissos, gerais e individuais, das Cinco Famílias Búdicas,
Resgatarei aqueles que não foram resgatados do renascimento inferior,
Libertarei aqueles que não foram libertados do renascimento samsárico,
Darei fôlego – a vida espiritual do Vajrayana – àqueles incapazes de praticar o Caminho Vajrayana,
E conduzirei todos os seres ao estado além da dor, o estado de iluminação.

*Objetos de compromisso tântricos:*
*oferenda interior no kapala, vajra, sino, damaru, vaso-ação, mala*

Nessa prática ritual, você prometeu manter os dezenove compromissos dos votos do Tantra Ioga Supremo, libertar todos os seres vivos do renascimento inferior e do renascimento samsárico e conduzi-los ao Caminho Vajrayana, o qual conduz rapidamente todos os seres ao estado de iluminação. Essa promessa é o seu voto tântrico. Para cumprir sua promessa, você deve empenhar-se na prática dos dezenove compromissos das Cinco Famílias Búdicas. Os dezenove compromissos são:

## OS SEIS COMPROMISSOS DA FAMÍLIA DE BUDA VAIROCHANA:

1. Buscar refúgio em Buda;
2. Buscar refúgio no Dharma;
3. Buscar refúgio na Sangha;
4. Abster-se de não-virtude;
5. Praticar virtude;
6. Beneficiar os outros.

## OS QUATRO COMPROMISSOS DA FAMÍLIA DE BUDA AKSHOBYA:

1. Manter um vajra para nos lembrar de enfatizar o desenvolvimento de grande êxtase por meio da meditação no canal central;
2. Manter um sino para nos lembrar de enfatizar a meditação na vacuidade;
3. Gerar a nós mesmos como a Deidade, ao mesmo tempo que compreendemos que todas as coisas que normalmente vemos não existem;
4. Confiar sinceramente em nosso Guia Espiritual, que nos conduz à prática da pura disciplina moral dos votos pratimoksha, bodhisattva e tântricos.

### OS QUATRO COMPROMISSOS DA FAMÍLIA DE BUDA RATNASAMBHAVA:

1. Dar ajuda material;
2. Dar Dharma;
3. Dar destemor;
4. Dar amor.

### OS TRÊS COMPROMISSOS DA FAMÍLIA DE BUDA AMITABHA:

1. Confiar nos ensinamentos de Sutra;
2. Confiar nos ensinamentos das duas classes inferiores de Tantra;
3. Confiar nos ensinamentos das duas classes superiores de Tantra.

Já que o Lamrim é o corpo principal do Budadharma, se confiarmos sinceramente no Lamrim Kadam cumpriremos esses três compromissos.

### OS DOIS COMPROMISSOS DA FAMÍLIA DE BUDA AMOGHASIDDHI:

1. Fazer oferendas ao nosso Guia Espiritual;
2. Empenharmo-nos para manter puramente todos os votos que tomamos.

Como Buda Vajradhara disse, você deve relembrar esses dezenove compromissos seis vezes ao dia, todos os dias, o que significa a cada quatro horas. Isso é denominado "*Ioga em Seis Sessões*". Para cumprir este compromisso, você deve recitar – verbal ou mentalmente – o seguinte ioga condensado em seis sessões, seis vezes ao dia, todos os dias, enquanto se concentra em seu significado:

Eu busco refúgio no Guru e nas Três Joias.
Segurando vajra e sino, gero-me como a Deidade e faço oferendas.
Confio nos Dharmas de Sutra e de Tantra e abstenho-me de todas as ações não-virtuosas.
Reunindo todos os Dharmas virtuosos, ajudo todos os seres vivos por meio das quatro práticas de dar.

Todos os dezenove compromissos estão incluídos nessa estrofe. As palavras "*Eu busco refúgio (...) nas Três Joias*" referem-se aos três primeiros compromissos da Família de Buda Vairochana: buscar refúgio em Buda, buscar refúgio no Dharma e buscar refúgio na Sangha. A palavra "*Guru*" refere-se ao quarto compromisso da Família de Buda Akshobya: confiar sinceramente em nosso Guia Espiritual.

As palavras "*Segurando vajra e sino, gero-me como a Deidade*" referem-se aos três primeiros compromissos da Família de Buda Akshobya: manter um vajra para nos lembrar do grande êxtase, manter um sino para nos lembrar da vacuidade e gerar a nós mesmos como a Deidade. As palavras "*e faço oferendas*" referem-se ao primeiro compromisso da Família de Buda Amoghasiddhi: fazer oferendas ao nosso Guia Espiritual.

As palavras "*Confio nos Dharmas de Sutra e de Tantra*" referem-se aos três compromissos da Família de Buda Amitabha: confiar nos ensinamentos de Sutra, confiar nos ensinamentos das duas classes inferiores de Tantra e confiar nos ensinamentos das duas classes superiores de Tantra. As palavras "*e abstenho-me de todas as ações não-virtuosas*" referem-se ao quarto compromisso da Família de Buda Vairochana: abster-se de não-virtude.

As palavras "*Reunindo todos os Dharmas virtuosos*" referem-se ao quinto compromisso da Família de Buda Vairochana: praticar virtude. As palavras "*ajudo todos os seres vivos*" referem-se ao sexto compromisso da Família de Buda Vairochana: beneficiar os outros. As palavras "*por meio das quatro práticas de dar*" referem-se aos quatro compromissos da Família de Buda Ratnasambhava: dar ajuda material, dar Dharma, dar destemor e dar amor.

Finalmente, a estrofe inteira refere-se ao segundo compromisso da Família de Buda Amoghasiddhi: empenharmo-nos para manter puramente todos os votos que tomamos.

Mais detalhes sobre os votos e compromissos do Mantra Secreto podem ser encontrados no livro *Solos e Caminhos Tântricos*.

**Cólofon:** Esta prática e explicação foram preparadas pelo Venerável Geshe Kelsang Gyatso Rinpoche a partir de fontes tradicionais.

# Apêndice IV:

## *A Letra PAM*

# *Glossário*

***Agarramento ao em-si*** Mente conceitual que considera, ou sustenta, qualquer fenômeno como sendo inerentemente existente. A mente de agarramento ao em-si dá origem a todas as demais delusões, como a raiva e o apego. É a causa-raiz de todo sofrimento e insatisfação. Consultar *Novo Coração de Sabedoria*.

***Anticonscienciosidade*** Fator mental deludido que deseja, sem restrição, envolver-se em ações não-virtuosas. Consultar *Como Entender a Mente*.

***Aparência comum e concepção comum*** Aparência comum é qualquer aparência devida a uma mente impura, e concepção comum é qualquer mente que concebe coisas como comuns. De acordo com o Tantra, aparências comuns são obstruções à onisciência, e concepções comuns são obstruções à libertação. Consultar *Mahamudra-Tantra* e *Grande Tesouro de Mérito*.

***Apego*** Fator mental deludido que observa um objeto contaminado, considera-o como causa de felicidade e deseja-o. Consultar *Caminho Alegre da Boa Fortuna*.

***Aprendizes superiores*** Seres superiores que ainda estão treinando nos Caminhos do Aprender – ou seja, os seres superiores do Caminho da Visão e do Caminho da Meditação.

***Autoapreço*** Atitude mental que faz com que nos consideremos supremamente importantes e preciosos. O autoapreço é considerado o objeto principal a ser abandonado pelos Bodhisattvas. Consultar *Novo Oito Passos para a Felicidade* e *Contemplações Significativas*.

***Avalokiteshvara*** A corporificação da compaixão de todos os Budas. No tempo de Buda Shakyamuni, Avalokiteshvara manifestou-se como um discípulo Bodhisattva. O seu nome, em tibetano, é *Chenrezig*. Consultar *Viver Significativamente, Morrer com Alegria* e *O Espelho do Dharma com Adições*.

***Bênçãos*** Transformação da nossa mente (de um estado negativo para um estado positivo, de um estado infeliz para um estado feliz, ou de um estado de fraqueza para um estado de vigor) através da inspiração dos seres sagrados, tais como o nosso Guia Espiritual, Budas e Bodhisattvas.

***Bodhichitta tântrica*** O desejo de alcançar a iluminação como uma Deidade tântrica para resgatar os seres vivos do samsara o mais rapidamente possível.

***Buda Shakyamuni*** O Buda que é o fundador da religião budista. Consultar *Introdução ao Budismo*.

***Budeidade*** Sinônimo de plena iluminação. Ver também iluminação.

***Budista*** Qualquer pessoa que, do fundo de seu coração, busca refúgio nas Três Joias – a Joia Buda, a Joia Dharma e a Joia Sangha. Consultar *Introdução ao Budismo*.

***Caminho profundo*** O caminho profundo inclui todas as práticas de sabedoria que conduzem a uma realização direta da vacuidade e, por fim, ao Corpo-Verdade de um Buda. Consultar *Caminho Alegre da Boa Fortuna*.

***Caminho vasto*** O caminho vasto inclui todas as práticas do método, desde o cultivo inicial da compaixão até a aquisição final do Corpo-Forma de um Buda. Consultar *Caminho Alegre da Boa Fortuna*.

***Campo de Mérito*** As Três Joias. Assim como sementes exteriores crescem em um campo de cultivo, as sementes virtuosas interiores, produzidas pelas ações virtuosas, crescem na dependência da Joia Buda, da Joia Dharma e da Joia Sangha. Também conhecido como "Campo para Acumular Mérito".

***Carma*** Termo sânscrito que significa "ação". Por força da intenção, fazemos ações com o nosso corpo, fala e mente, e todas essas ações produzem efeitos. O efeito das ações virtuosas é felicidade, e o efeito das ações negativas é sofrimento. Consultar *Caminho Alegre da Boa Fortuna.*

***Chandrakirti*** (por volta do século VII) Grande erudito budista e mestre de meditação indiano que escreveu, dentre muitos outros livros, o famoso *Guia para o Caminho do Meio*, no qual elucida claramente a visão da escola Madhyamika-Prasangika de acordo com os ensinamentos de Buda dados nos *Sutras Perfeição de Sabedoria*. Consultar *Oceano de Néctar*.

***Clara-luz*** Uma mente muito sutil manifesta, que percebe uma aparência semelhante a um espaço vazio e claro. Consultar *Mahamudra-Tantra, Clara-Luz de Êxtase* e *Solos e Caminhos Tântricos.*

***Compaixão*** Uma mente virtuosa que deseja que os outros se libertem do sofrimento. Ver também grande compaixão. Consultar *Compaixão Universal, Novo Oito Passos para a Felicidade* e *Caminho Alegre da Boa Fortuna.*

***Concentração*** Fator mental que faz a sua mente primária permanecer estritamente focada em seu objeto. Em geral, os termos "estabilização mental" e "concentração" são intercambiáveis. Mais especificamente, o termo "concentração" é usado para se referir à natureza da concentração, que é unifocalidade, e o termo "estabilização mental" é usado para se referir à função da concentração, que é estabilidade.

***Consideração pelos outros*** Fator mental que atua para evitar ações inadequadas por razões que dizem respeito aos outros. Consultar *Como Entender a Mente.*

***Corpo-ilusório*** O corpo-divino sutil que é desenvolvido, principalmente, a partir do vento indestrutível. Quando um praticante de Tantra Ioga Supremo emerge da meditação da mente-isolada de clara-luz-exemplo última, ele, ou ela, obtém um corpo que não é o mesmo que seu corpo físico comum. Esse novo corpo é o corpo-ilusório. Consultar *Mahamudra-Tantra* e *Clara-Luz de Êxtase.*

***Corpos de Buda*** Um Buda possui quatro corpos: o Corpo-Verdade-Sabedoria, o Corpo-Natureza, o Corpo-de-Deleite e o Corpo-Emanação. O Corpo-Verdade-Sabedoria é a mente onisciente de Buda. O Corpo-Natureza é a vacuidade, ou natureza última, de sua mente. O Corpo-de-Deleite é o seu Corpo-Forma sutil. O Corpo-Emanação, a partir do qual cada Buda manifesta um número incontável de corpos, são Corpos-Forma densos, visíveis aos seres comuns. O Corpo-Verdade-Sabedoria e o Corpo-Natureza constituem, ambos, o Corpo-Verdade, e o Corpo-de-Deleite e o Corpo-Emanação constituem, ambos, o Corpo-Forma. Consultar *Caminho Alegre da Boa Fortuna.*

***Delusão*** Fator mental que surge de atenção imprópria e que atua tornando a mente perturbada e descontrolada. Existem três delusões principais: ignorância, apego desejoso e raiva. Delas, surgem todas as demais delusões, como inveja (ou ciúme), orgulho e dúvida deludida. Consultar *Como Entender a Mente.*

***Demônio*** Ver mara.

***Destruidor de Inimigos*** *Arhat* em sânscrito. Refere-se a um praticante que, por meio de treinar nos caminhos espirituais, abandonou todas as delusões e as suas sementes, e, por esta razão, nunca mais renascerá no samsara. Neste contexto, o termo "inimigo" refere-se às delusões.

***Deuses*** Seres do reino dos deuses, o mais elevado dos seis reinos do samsara. Existem muitos tipos diferentes de deuses. Alguns são deuses do reino do desejo, ao passo que outros são deuses do reino da forma ou do reino da sem-forma. Consultar *Caminho Alegre da Boa Fortuna.*

***Devaputra*** Ver mara.

***Dez direções*** As quatro direções cardeais, as quatro direções intermediárias e as direções acima e abaixo.

***Dharma*** Os ensinamentos de Buda e as realizações interiores alcançadas na dependência da prática desses ensinamentos. "Dharma" significa "proteção". Por praticar os ensinamentos de Buda, protegemo-nos de sofrimentos e problemas.

***Dromtonpa*** (1004–1064) Principal discípulo de Atisha. Consultar *Caminho Alegre da Boa Fortuna.*

***Estabilização mental*** Ver concentração.

***Estágio de conclusão*** Realizações de Tantra Ioga Supremo desenvolvidas na dependência de os ventos entrarem, permanecerem e se dissolverem no canal central por força de meditação. Consultar *Mahamudra-Tantra, Clara-Luz de Êxtase, Essência do Vajrayana, Novo Guia à Terra Dakini* e *Solos e Caminhos Tântricos.*

***Estágio de geração*** Uma realização de um ioga criativo obtida antes da aquisição do estágio de conclusão efetivo, que é alcançada pela prática de trazer os três corpos para o caminho, por meio da qual uma pessoa gera mentalmente a si mesma como uma Deidade tântrica e ao seu ambiente, ou entorno, como o mandala da Deidade. A meditação no estágio de geração é denominada "ioga criativo" porque o seu objeto é criado, ou gerado, por meio de imaginação correta. Consultar *Essência do Vajrayana, Mahamudra-Tantra, Novo Guia à Terra Dakini* e *Solos e Caminhos Tântricos.*

***Etapas do caminho*** Ver Lamrim.

***Fantasma faminto*** Um ser do reino dos fantasmas famintos, o segundo reino mais inferior dentre os seis reinos do samsara (o inferno é o mais inferior de todos). Também conhecido como "espírito faminto". Consultar *Caminho Alegre da Boa Fortuna.*

***Felicidade*** Há dois tipos de felicidade: mundana e supramundana. Felicidade mundana é a felicidade limitada que pode ser encontrada no samsara, como a felicidade dos seres humanos e deuses. Felicidade supramundana é a felicidade pura da libertação e da iluminação.

***Geshe*** Título concedido pelos monastérios kadampa para eruditos budistas realizados. Geshe é uma abreviação de *ge wai she nyen*, que, em tibetano, significa literalmente *amigo virtuoso.*

***Grande compaixão*** Uma mente que deseja proteger todos os seres sencientes do sofrimento. Consultar *Novo Oito Passos para a Felicidade, Compaixão Universal* e *Oceano de Néctar.*

***Guia Espiritual*** *Guru* em sânscrito, e *Lama* em tibetano. O professor que nos guia ao longo do caminho espiritual. Consultar *Caminho Alegre da Boa Fortuna* e *Grande Tesouro de Mérito.*

***Hinayana*** Palavra sânscrita para "Pequeno Veículo", ou "Veículo Menor". A meta hinayana é alcançar, meramente, a libertação do sofrimento para si próprio por meio de abandonar completamente as delusões. Consultar *Caminho Alegre da Boa Fortuna.*

***Iluminação*** Qualquer ser que se libertou completamente das duas obstruções, as raízes de todas as falhas, alcançou a plena iluminação. As duas obstruções são as obstruções à libertação (as delusões) e as obstruções à onisciência (as marcas das delusões). Consultar *Caminho Alegre da Boa Fortuna.*

***Imagem genérica*** O objeto aparecedor de uma mente conceitual. Uma imagem genérica, ou imagem mental, de um objeto é como o reflexo desse objeto. As mentes conceituais conhecem o seu objeto por meio do aparecimento de uma imagem genérica do objeto, e não porque veem o objeto diretamente. Consultar *Novo Coração de Sabedoria* e *Como Entender a Mente.*

***Je Tsongkhapa*** (1357–1419) Uma emanação do Buda da Sabedoria Manjushri, cuja aparição no Tibete, no século XIV, como um monge e detentor da linhagem da visão pura e de feitos puros, foi profetizada por Buda. Je Tsongkhapa difundiu um Budadharma muito puro por todo o Tibete, mostrando como combinar as práticas de Sutra e de Tantra e como praticar o puro Dharma durante tempos degenerados. Sua tradição ficou conhecida posteriormente como "Gelug", ou "Tradição Ganden". Consultar *Joia-Coração* e *Grande Tesouro de Mérito.*

***Kadampa*** Termo tibetano, no qual *Ka* significa "palavra" e refere-se a todos os ensinamentos de Buda; *dam* refere-se às instruções especiais de Lamrim de Atisha, conhecidas como "as etapas do caminho para a iluminação"; e *pa* refere-se ao seguidor do Budismo Kadampa, que integra em sua prática de Lamrim todos os ensinamentos de Buda que ele conhece.

***Lamrim*** Termo tibetano que significa, literalmente, "etapas do caminho". O Lamrim é uma organização especial de todos os ensinamentos de Buda, que é fácil de compreender e de colocar em prática. Ele revela todas as etapas do caminho para a iluminação. Para um comentário completo ao Lamrim, consultar *Caminho Alegre da Boa Fortuna.*

***Langri Tangpa, Geshe*** (1054–1123) Um grande professor kadampa, famoso por sua realização de trocar *eu* por outros. Langri Tangpa escreveu *Oito Estrofes do Treino da Mente.* Consultar *Novo Oito Passos para a Felicidade.*

***Libertação*** *Nirvana* em sânscrito. Libertação completa do samsara e da sua causa, as delusões. Consultar *Caminho Alegre da Boa Fortuna.*

***Mahayana*** Termo sânscrito para "Grande Veículo", o caminho espiritual para a grande iluminação. A meta mahayana é alcançar a Budeidade para o benefício de todos os seres sencientes, por meio de abandonar completamente as delusões e as suas marcas. Consultar *Caminho Alegre da Boa Fortuna.*

***Mara*** Termo sânscrito para "demônio", e refere-se a qualquer coisa que obstrua a conquista da libertação ou da iluminação. Existem quatro tipos principais de mara: o mara das delusões, o mara dos agregados contaminados, o mara da morte descontrolada e os maras Devaputra. Dentre os quatro tipos de mara, apenas os maras Devaputra são seres sencientes. O principal mara Devaputra é Ishvara irado, o mais elevado dos deuses do reino do desejo e que habita a "Terra em que se Controlam Emanações". Os Budas são chamados "Conquistadores" porque conquistaram todos os quatros tipos de mara. Consultar *Novo Coração de Sabedoria.*

***Marca(s)*** Existem dois tipos de marca: marcas das ações e marcas das delusões. Cada ação que fazemos deixa uma marca na consciência mental, e essas marcas são potenciais cármicos para experienciar determinados efeitos no futuro. As marcas deixadas pelas delusões permanecem mesmo depois de as próprias delusões terem sido abandonadas, do mesmo modo que o cheiro de alho permanece num recipiente depois de o alho ter sido removido. As marcas das delusões são obstruções à onisciência e são totalmente abandonadas apenas pelos Budas.

***Mente*** Aquilo que é clareza e que conhece. A mente é clareza porque ela sempre carece de forma – isto é, de características físicas – e porque possui o poder efetivo para perceber objetos. A mente conhece porque sua função é conhecer ou perceber objetos. Consultar *Como Entender a Mente.*

***Mente conceitual*** Pensamento que apreende o seu objeto por meio de uma imagem genérica, ou mental. Consultar *Como Entender a Mente.*

***Mérito*** Boa fortuna criada pelas ações virtuosas. O mérito é o poder potencial para aumentar as nossas boas qualidades e produzir felicidade.

***Monastério de Nalanda*** Grande local de aprendizagem e prática budista na antiga Índia.

***Não-virtude*** Fenômeno que funciona como uma causa principal de sofrimento. Pode se referir a mentes não-virtuosas, ações não-virtuosas, marcas não-virtuosas ou à não-virtude última – o samsara. Consultar *Como Entender a Mente.*

***Natureza búdica*** A mente-raiz de um ser senciente e a natureza última dessa mente. *Natureza búdica*, *semente búdica* e *linhagem búdica* são sinônimos. Todos os seres vivos possuem a natureza búdica e, portanto, o potencial para alcançar a Budeidade.

***Nirvana*** Ver libertação.

***Nove permanências mentais*** Nove níveis de concentração que conduzem ao tranquilo-permanecer: posicionamento da mente; contínuo-posicionamento; reposicionamento; estreito posicionamento; controle; pacificação; completa pacificação; estritamente focado; e posicionamento em equilíbrio. Consultar *Caminho Alegre da Boa Fortuna.*

***Obstruções à libertação*** Obstruções que impedem a aquisição da libertação. Todas as delusões – como a ignorância, apego e raiva, juntamente com as suas sementes – são obstruções à libertação. São também denominadas "obstruções-delusões".

***Obstruções à onisciência*** As marcas das delusões, as quais impedem a compreensão simultânea e direta de todos os fenômenos. Somente os Budas superaram essas obstruções.

***Ouvinte*** Um dos dois tipos de praticante hinayana. Ouvintes e Realizadores Solitários são, ambos, hinayanistas; porém, diferem em sua motivação, comportamento, mérito e sabedoria. Com relação a todos esses aspectos, os Realizadores Solitários são superiores aos Ouvintes. Consultar *Oceano de Néctar*.

***Paz solitária*** Um nirvana hinayana.

***Percepção*** Todas as mentes estão incluídas nas cinco percepções sensoriais e na percepção mental. Existem cinco tipos de percepção sensorial: percepção visual, percepção auditiva, percepção olfativa, percepção gustativa e percepção corporal, ou tátil. Existem dois tipos de percepção mental: percepção mental conceitual e percepção mental não-conceitual. Consultar *Como Entender a Mente*.

***Preceptor*** Um Guia Espiritual que nos dá votos ou compromissos para observarmos.

***Preciosa vida humana*** Uma vida que tem oito liberdades especiais e dez dotes especiais que a tornam uma oportunidade ideal para treinar a mente em todas as etapas do caminho para a iluminação. Consultar *Novo Manual de Meditação* e *Caminho Alegre da Boa Fortuna*.

***Puja*** Cerimônia na qual são feitas oferendas e outros atos de devoção diante de seres sagrados.

***Quatro maneiras de reunir discípulos*** As quatro maneiras de reunir discípulos, praticadas pelos Bodhisattvas, são: (1) agradar aos outros através de dar a eles coisas materiais ou o que quer que necessitem; (2) ensinar Dharma para conduzir os outros à libertação; (3) ajudar os outros na sua prática de Dharma por meio de dar-lhes encorajamento; e (4) mostrar aos outros um bom exemplo, através de sempre praticar o que ensinamos.

***Realização*** Experiência estável e não-equivocada de um objeto virtuoso, que nos protege diretamente do sofrimento.

***Realizador Solitário*** Um tipo de praticante hinayana. Também conhecido como "Conquistador Solitário". Ver também Ouvinte. Consultar *Oceano de Néctar*.

***Refúgio*** Proteção verdadeira, efetiva. Buscar refúgio em Buda, Dharma e Sangha significa ter fé nessas Três Joias e confiar nelas para se proteger de todos os medos e sofrimentos. Consultar *Caminho Alegre da Boa Fortuna*.

***Reino do desejo*** O ambiente dos seres-do-inferno, espíritos famintos, animais, seres humanos, semideuses e dos deuses que desfrutam dos cinco objetos de desejo.

***Reino da forma*** O ambiente dos deuses que possuem forma.

***Reino do inferno*** O mais inferior dos seis reinos do samsara. Consultar *Caminho Alegre da Boa Fortuna*.

***Reino da sem-forma*** O ambiente dos deuses que não possuem forma.

***Renúncia*** O desejo de se libertar do samsara. Consultar *Caminho Alegre da Boa Fortuna* e *O Espelho do Dharma com Adições*.

***Samsara*** O samsara pode ser compreendido de duas maneiras: como renascimento ininterrupto, sem liberdade ou controle, ou como os agregados de um ser que teve tal renascimento. O samsara é caracterizado por sofrimento e insatisfação. Existem seis reinos no samsara. Listados em ordem ascendente de acordo com o tipo de carma que causa o renascimento neles, os reinos do samsara são: o reino dos seres-do-inferno, o reino dos espíritos famintos, o reino dos animais, o reino dos seres humanos, o reino dos semideuses e o reino dos deuses. Os três primeiros são reinos inferiores, ou migrações infelizes; e os outros três reinos são reinos superiores, ou migrações felizes. Embora o reino dos deuses seja o reino mais elevado no samsara, devido ao carma que causa o renascimento nele, é dito que o reino humano é o reino mais afortunado, pois proporciona as melhores condições para alcançar a libertação e a iluminação. Consultar *Caminho Alegre da Boa Fortuna.*

***Sangha*** De acordo com a tradição do Vinaya, Sangha é qualquer comunidade de quatro ou mais monges ou monjas plenamente ordenados. Em geral, pessoas ordenadas ou leigas que tomaram os votos bodhisattva ou os votos tântricos também podem ser chamadas de Sangha. Consultar *Caminho Alegre da Boa Fortuna.*

***Senso de vergonha*** Fator mental que atua para evitar ações inadequadas por razões que dizem respeito a nós mesmos. Consultar *Como Entender a Mente.*

***Ser superior*** *Arya* em sânscrito. Ser que possui uma realização direta da vacuidade. Existem hinayanas superiores e mahayanas superiores.

***Shantideva*** (687–763) Grande erudito budista e mestre de meditação indiano. Escreveu *Guia do Estilo de Vida do Bodhisattva.* Consultar *Guia do Estilo de Vida do Bodhisattva* e *Contemplações Significativas.*

***Sugata*** Outro termo para Buda. Ele indica que os Budas alcançaram um estado de êxtase imaculado e indestrutível.

***Sutra*** Ensinamentos de Buda que são abertos para a prática de todos, sem a necessidade de uma iniciação, ou transmissão de bênçãos especiais. Os ensinamentos de Sutra incluem os ensinamentos de Buda dos três giros da Roda do Dharma.

***Sutras Vinaya*** Sutras nos quais Buda explica, principalmente, a prática de disciplina moral e, em particular, a disciplina moral pratimoksha.

***Tantra*** Os ensinamentos tântricos diferem dos ensinamentos de Sutra por revelarem métodos para treinar a mente por meio de trazer o resultado futuro, ou Budeidade, para o caminho presente. Os praticantes tântricos superam as aparências e concepções comuns por meio de visualizar o seu corpo, ambiente, prazeres e ações como sendo os de um Buda. O Tantra é o caminho supremo para a plena iluminação. As práticas tântricas devem ser feitas reservadamente e apenas por aqueles que receberam uma iniciação tântrica. *Tantra* e *Mantra Secreto* são sinônimos. Consultar *Budismo Moderno*, *Mahamudra-Tantra* e *Solos e Caminhos Tântricos*.

***Tempos degenerados*** Período no qual atividades espirituais se degeneram.

***Tempos sem início*** De acordo com a visão de mundo budista, não há um início para a mente e, portanto, não há um início para o tempo. Por esta razão, todos os seres vivos tiveram incontáveis renascimentos.

***Tranquilo-permanecer*** Concentração que possui o êxtase especial da maleabilidade física e mental, obtida na dependência de concluir as nove permanências mentais. Consultar *Caminho Alegre da Boa Fortuna* e *Contemplações Significativas*.

***Três Joias*** As Três Joias são os três objetos de refúgio: a Joia Buda, a Joia Dharma e a Joia Sangha. São chamados "Joias" porque são raros e preciosos. Consultar *Caminho Alegre da Boa Fortuna*.

***Três tempos, Os*** Passado, presente e futuro.

***Vacuidade*** Ausência de existência inerente, a natureza última dos fenômenos. Consultar *Como Transformar Sua Vida*, *Novo Coração de Sabedoria* e *Oceano de Néctar*.

***Vasubandhu*** Grande erudito budista indiano do século V, convertido ao Mahayana por seu irmão mais velho, Asanga. Vasubandhu escreveu *Tesouro de Abhidharma* (*Abhidharmakosha*, em sânscrito). Consultar *Novo Coração de Sabedoria*.

***Virtude*** Fenômeno que atua como causa principal de felicidade. O termo pode se referir a mentes virtuosas, ações virtuosas, marcas virtuosas ou à virtude última – o nirvana. Consultar *Como Entender a Mente*.

***Visão superior*** Uma sabedoria especial que vê, ou percebe, o seu objeto claramente e que é mantida pelo tranquilo-permanecer e pela maleabilidade especial induzida por investigação. Consultar *Caminho Alegre da Boa Fortuna*.

# *Bibliografia*

**Venerável Geshe Kelsang Gyatso Rinpoche** é um mestre de meditação e erudito altamente respeitado da tradição do Budismo Mahayana fundada por Je Tsongkhapa. Desde sua chegada ao Ocidente, em 1977, Venerável Geshe Kelsang Gyatso Rinpoche tem trabalhado incansavelmente para estabelecer o puro Budadharma no mundo inteiro. Durante esse tempo, deu extensos ensinamentos sobre as principais escrituras mahayana. Esses ensinamentos proporcionam uma apresentação completa das práticas essenciais de Sutra e de Tantra do Budismo Mahayana.

Consulte o website da Tharpa para conferir os títulos disponíveis em língua portuguesa.

## Livros


***Budismo Moderno*** *O caminho da compaixão e sabedoria.* (3ª edição, 2015)

***Caminho Alegre da Boa Fortuna*** O completo caminho budista *à iluminação.* (4ª edição, 2010)

***Clara-Luz de Êxtase*** Um manual de meditação tântrica. (2020)

***Como Entender a Mente*** A natureza e o poder da mente. (edição revista pelo autor, 2014. Edição anterior, com o título *Entender a Mente*, 2002)

***Como Solucionar Nossos Problemas Humanos*** As Quatro Nobres Verdades. (4ª edição, 2012)

***Como Transformar a sua Vida*** Uma jornada de êxtase. (edição revista pelo autor, 2017. Edição anterior, com o título *Transforme sua Vida*, 2014)

***Compaixão Universal*** Soluções inspiradoras para tempos difíceis. (3ª edição, 2007)

***Contemplações Significativas*** Como se tornar um amigo do mundo. (2009)

***O Espelho do Dharma, com Adições*** Como Encontrar o Verdadeiro Significado da Vida Humana. (2019. Edição anterior, com o título *O Espelho do Dharma*, 2018)

***Essência do Vajrayana*** A prática do Tantra Ioga Supremo do mandala de corpo de Heruka. (2017)

***Grande Tesouro de Mérito*** Como confiar num Guia Espiritual. (2013)

***Guia do Estilo de Vida do Bodhisattva*** Como desfrutar uma vida de grande significado e altruísmo. Uma tradução da famosa obra-prima em versos de Shantideva. (2ª edição, 2009)

***Introdução ao Budismo*** Uma explicação do estilo de vida budista. (6ª edição, 2012)

***As Instruções Orais do Mahamudra*** A verdadeira essência dos ensinamentos, de Sutra e de Tantra, de Buda (2016)

***Joia-Coração*** As práticas essenciais do Budismo Kadampa. (2ª edição, 2016)

***Mahamudra-Tantra*** O supremo néctar da Joia-Coração. (2ª edição, 2014)

***Novo Coração de Sabedoria*** Uma explicação do Sutra Coração. (edição revista pelo autor, 2013. Edição anterior, com o título *Coração de Sabedoria*, 2005)

***Novo Guia à Terra Dakini*** A prática do Tantra Ioga Supremo de Buda Vajrayogini. (edição revista pelo autor, 2015. Edição anterior, com o título *Guia à Terra Dakini*, 2001)

***Novo Manual de Meditação*** Meditações para tornar nossa vida feliz e significativa. (3ª edição, 2016)

***Novo Oito Passos para a Felicidade*** O caminho budista da bondade amorosa. (edição revista pelo autor, 2017. Edições anteriores, como *Oito Passos para a Felicidade:* 2013 – também revista pelo autor – e 2007)

***Oceano de Néctar*** A verdadeira natureza de todas as coisas. (2019)
***Solos e Caminhos Tântricos*** Como ingressar, progredir e concluir o Caminho Vajrayana. (2016)
***Viver Significativamente, Morrer com Alegria*** A prática profunda da transferência de consciência. (2007)
***O Voto Bodhisattva*** Um guia prático para ajudar os outros. (3ª edição, 2021)

## Sadhanas e outros Livretos

Venerável Geshe Kelsang Gyatso Rinpoche também supervisionou a tradução de uma coleção essencial de sadhanas, ou livretos de oração, para aquisições espirituais. Consulte o website da Editora Tharpa para conferir os títulos disponíveis em língua portuguesa.

***Caminho de Compaixão para quem Morreu*** Sadhana de Powa para o benefício dos que morreram.
***Caminho de Êxtase*** A sadhana condensada de autogeração de Vajrayogini.
***Caminho Rápido ao Grande Êxtase*** A sadhana extensa de autogeração de Vajrayogini.
***Caminho à Terra Pura*** Sadhana para o treino em Powa (a transferência de consciência).
***As Centenas de Deidades da Terra Alegre de Acordo com o Tantra Ioga Supremo*** O Guru-Ioga de Je Tsongkhapa como uma Prática Preliminar ao Mahamudra.
***Cerimônia de Powa*** Transferência de consciência de quem morreu.
***Cerimônia de Refúgio Mahayana e Cerimônia do Voto Bodhisattva.***
***Cerimônia do Voto Pratimoksha de uma Pessoa Leiga.***
***A Confissão Bodhisattva das Quedas Morais*** A prática de purificação do Sutra Mahayana dos Três Montes Superiores.
***Essência da Boa Fortuna*** Preces das seis práticas preparatórias para a meditação sobre as Etapas do Caminho à iluminação.

***Essência do Vajrayana*** Sadhana de autogeração do mandala de corpo de Heruka, de acordo com o sistema de mahasiddha Ghantapa.

***O Estilo de Vida Kadampa*** As práticas essenciais do Lamrim Kadam.

***Festa de Grande Êxtase*** Sadhana de autoiniciação de Vajrayogini.

***Gota de Néctar Essencial*** Uma prática especial de jejum e de purificação em associação com Avalokiteshvara de Onze Faces.

***Grande Libertação do Pai*** Preces preliminares para a meditação no Mahamudra em associação com a prática de Heruka.

***Grande Libertação da Mãe*** Preces preliminares para a meditação no Mahamudra em associação com a prática de Vajrayogini.

***A Grande Mãe*** Um método para superar impedimentos e obstáculos pela recitação do *Sutra Essência da Sabedoria* (o *Sutra Coração*).

***O Ioga de Avalokiteshvara de Mil Braços*** Sadhana de autogeração.

***O Ioga de Buda Amitayus*** Um método especial para aumentar tempo de vida, sabedoria e mérito.

***O Ioga de Buda Heruka*** A sadhana essencial de autogeração do mandala de corpo de Heruka & Ioga Condensado em Seis Sessões.

***O Ioga de Buda Maitreya*** Sadhana de autogeração.

***O Ioga de Buda Vajrapani*** Sadhana de autogeração.

***Ioga da Dakini*** A sadhana mediana de autogeração de Vajrayogini.

***O Ioga da Grande Mãe Prajnaparamita*** Sadhana de autogeração.

***O Ioga Incomum da Inconceptibilidade*** A instrução especial sobre como alcançar a Terra Pura de Keajra com este corpo humano.

***O Ioga da Mãe Iluminada Arya Tara*** Sadhana de autogeração.

***O Ioga de Tara Branca, Buda de Longa Vida.***

***Joia-Coração*** O Guru-Ioga de Je Tsongkhapa, associado à sadhana condensada de seu Protetor do Dharma.

***Joia-que-Satisfaz-os-Desejos*** O Guru-Ioga de Je Tsongkhapa, associado à sadhana de seu Protetor do Dharma.

***Libertação da Dor*** Louvores e pedidos às 21 Taras.

***Manual para a Prática Diária dos Votos Bodhisattva e Tântricos.***

***Meditação e Recitação de Vajrasattva Solitário.***

***Melodioso Tambor Vitorioso em Todas as Direções*** O ritual extenso de cumprimento e de renovação de compromissos com o Protetor do Dharma, o grande rei Dorje Shugden, juntamente com Mahakala, Kalarupa, Kalindewi e outros Protetores do Dharma.

***Nova Essência do Vajrayana*** A prática de autogeração do mandala de corpo de Heruka, uma instrução da Linhagem Oral Ganden.

***Oferenda ao Guia Espiritual (Lama Chöpa)*** Uma maneira especial de confiar no nosso Guia Espiritual.

***Oferenda Ardente do Mandala de Corpo de Heruka.***

***Oferenda Ardente de Vajrayogini.***

***Paraíso de Keajra*** O comentário essencial à prática do Ioga Incomum da Inconceptibilidade.

***Pedido ao Sagrado Guia Espiritual Venerável Geshe Kelsang Gyatso, de seus Fiéis Discípulos.***

***Prática Condensada de Buda Amitayus para Longa Vida.***

***Prece do Buda da Medicina*** Um método para beneficiar os outros.

***Prece Libertadora*** *Louvor a Buda Shakyamuni.*

***Preces para Meditação*** Preces preparatórias breves para meditação.

***Preces pela Paz Mundial.***

***Preces Sinceras*** Preces para o rito funeral em cremações ou enterros.

***Sadhana de Avalokiteshvara*** Preces e pedidos ao Buda da Compaixão.

***Sadhana do Buda da Medicina*** Um método para obter as aquisições do Buda da Medicina.

***O Tantra-Raiz de Heruka e Vajrayogini*** Capítulos Um e Cinquenta e Um do Tantra-Raiz Condensado de Heruka.

***O Texto-Raiz: As Oito Estrofes do Treino da Mente***

***Tesouro de Sabedoria*** A sadhana do Venerável Manjushri.

***União-do-Não-Mais-Aprender*** Sadhana de autoiniciação do mandala de corpo de Heruka.

***Vida Pura*** A prática de tomar e manter os Oito Preceitos Mahayana.

***Os Votos e Compromissos do Budismo Kadampa.***

Os livros e sadhanas de Venerável Geshe Kelsang Gyatso Rinpoche podem ser adquiridos nos Centros Budistas Kadampa e Centros de Meditação Kadampa e suas filiais. Você também pode adquiri-los diretamente pelo site da Editora Tharpa.

**Editora Tharpa (Brasil)**
Rua Artur de Azevedo, 1360
Pinheiros
05404-003 São Paulo – SP
Tel: (11) 3476-2328
Web: www.tharpa.com/br
E-mail: contato.br@tharpa.com

**Editora Tharpa (Portugal)**
Rua Moinho do Gato, 5
2710-661 – Sintra, Portugal
Tel: 219 231 064
Web: www.tharpa.pt
E-mail: info@tharpa.pt

NKT-IKBU

# *Programas de Estudo do Budismo Kadampa*

O Budismo Kadampa é uma escola do Budismo Mahayana fundada pelo grande mestre budista indiano Atisha (982–1054). Seus seguidores são conhecidos como "Kadampas": "Ka" significa "palavra" e refere-se aos ensinamentos de Buda, e "dam" refere-se às instruções especiais de Lamrim ensinadas por Atisha, conhecidas como "as etapas do caminho à iluminação". Através de integrar o conhecimento de todos os ensinamentos de Buda com a prática de Lamrim, e de incorporar isso em suas vidas diárias, os budistas kadampas são incentivados a usar os ensinamentos de Buda como métodos práticos para transformar atividades diárias em caminho à iluminação. Os grandes professores kadampas são famosos não apenas por serem grandes eruditos, mas também por serem praticantes espirituais de imensa pureza e sinceridade.

A linhagem desses ensinamentos – tanto sua transmissão oral como suas bênçãos – foi transmitida de professor a discípulo e se expandiu por grande parte da Ásia e, agora, por muitos países do mundo. Os ensinamentos de Buda, conhecidos como "Dharma", são comparados a uma roda que se desloca de um país a outro de acordo com a mudança das condições e tendências cármicas de seus habitantes. As formas externas de apresentar o Budismo podem mudar à medida que ele entra em contato com diferentes culturas e sociedades, mas sua autenticidade essencial é assegurada pela continuidade de uma linhagem ininterrupta de praticantes realizados.

O Budismo Kadampa foi apresentado pela primeira vez ao mundo moderno em 1977 pelo renomado mestre budista Venerável Geshe Kelsang Gyatso Rinpoche. Desde então, ele tem trabalhado incansavelmente para difundir o Budismo Kadampa por todo o mundo, dando extensos ensinamentos, escrevendo textos profundos sobre o Budismo Kadampa e fundando a Nova Tradição Kadampa-União Budista Kadampa Internacional (NKT-IKBU), que hoje congrega mais de 1.200 Centros Budistas Kadampa em todo o mundo. Cada um desses centros oferece programas de estudo sobre *psicologia*, *filosofia* e *instruções sobre meditação* budistas, bem como retiros para todos os níveis de praticantes. A ênfase está na integração dos ensinamentos de Buda na vida diária para solucionar nossos problemas humanos e difundir paz e felicidade duradouras por todo o mundo.

O Budismo Kadampa da NKT-IKBU é uma tradição budista totalmente independente e sem filiações políticas. É uma associação de centros budistas e de praticantes que se inspiram e se orientam a partir do exemplo e ensinamentos dos mestres kadampa do passado, conforme apresentados por Venerável Geshe Kelsang Gyatso Rinpoche.

Existem três razões pelas quais precisamos estudar e praticar os ensinamentos de Buda: para desenvolver nossa sabedoria, cultivar um bom coração e manter um estado mental pacífico. Se não nos empenharmos em desenvolver nossa sabedoria, sempre permaneceremos ignorantes da verdade última – a verdadeira natureza da realidade. Embora desejemos felicidade, nossa ignorância nos leva a cometer ações não-virtuosas, que são a causa principal de todo o nosso sofrimento. Se não cultivarmos um bom coração, nossa motivação egoísta destruirá a harmonia e as boas relações que temos com os outros. Não teremos paz nem chance de obter felicidade pura. Sem paz interior, a paz exterior é impossível. Se não mantivermos um estado mental pacífico, não seremos felizes, mesmo que tenhamos condições ideais. Por outro lado, quando nossa mente está pacífica, somos felizes, ainda que as condições exteriores sejam desagradáveis. Portanto, o desenvolvimento dessas qualidades é da maior importância para nossa felicidade diária.

Venerável Geshe Kelsang – ou "Geshe-la", como é afetuosamente chamado por seus alunos – organizou três programas espirituais especiais para o estudo e a prática sistemáticos do Budismo Kadampa. Esses programas são especialmente adequados para o mundo moderno: o Programa Geral (PG), o Programa Fundamental (PF) e o Programa de Formação de Professores (PFP).

## PROGRAMA GERAL

O Programa Geral (PG) oferece uma introdução básica à visão, meditação e prática budistas que é ideal para iniciantes. Também inclui ensinamentos e práticas avançadas, tanto de Sutra como de Tantra.

## PROGRAMA FUNDAMENTAL

O Programa Fundamental (PF) oferece uma oportunidade de aprofundar nossa compreensão e experiência do Budismo por meio do estudo sistemático de seis textos:

1. *Caminho Alegre da Boa Fortuna* – um comentário às instruções de Lamrim, as etapas do caminho à iluminação, de Atisha.
2. *Compaixão Universal* – um comentário ao *Treino da Mente em Sete Pontos*, do Bodhisattva Chekhawa.
3. *Novo Oito Passos para a Felicidade* – um comentário às *Oito Estrofes do Treino da Mente*, do Bodhisattva Langri Tangpa.
4. *Novo Coração de Sabedoria* – um comentário ao *Sutra Coração.*
5. *Contemplações Significativas* – um comentário ao *Guia do Estilo de Vida do Bodhisattva*, do Bodhisattva Shantideva.

6. *Como Entender a Mente* – uma explicação detalhada da mente, com base nos trabalhos dos eruditos budistas Dharmakirti e Dignaga.

Os benefícios de estudar e praticar esses textos são:

(1) *Caminho Alegre da Boa Fortuna* – obtemos a habilidade de colocar em prática todos os ensinamentos de Buda, tanto de Sutra como de Tantra. Podemos facilmente fazer progressos e concluir as etapas do caminho à felicidade suprema da iluminação. Do ponto de vista prático, o Lamrim é o corpo principal dos ensinamentos de Buda, e todos os demais ensinamentos são como seus membros.

(2) *Compaixão Universal* e (3) *Novo Oito Passos para a Felicidade* – obtemos a habilidade de integrar os ensinamentos de Buda em nossa vida diária e de solucionar todos os nossos problemas humanos.

(4) *Novo Coração de Sabedoria* – obtemos a realização da natureza última da realidade. Por meio dessa realização, podemos eliminar a ignorância do agarramento ao em-si, que é a raiz de todo o nosso sofrimento.

(5) *Contemplações Significativas* – transformamos nossas atividades diárias no estilo de vida de um Bodhisattva e, desse modo, tornando significativo cada momento da nossa vida humana.

(6) *Como Entender a Mente* – compreendemos a relação entre nossa mente e seus objetos exteriores. Se entendermos que os objetos dependem da mente subjetiva, poderemos mudar a maneira como esses objetos nos aparecem, por meio de mudar nossa própria mente. Gradualmente, vamos adquirir a habilidade de controlar nossa mente e, desse modo, solucionar todos os nossos problemas.

## PROGRAMA DE FORMAÇÃO DE PROFESSORES

O Programa de Formação de Professores (PFP) foi concebido para as pessoas que desejam treinar para se tornarem autênticos professores de Dharma. Além de concluir o estudo de quatorze textos de Sutra e de Tantra (e que incluem os seis textos citados acima), o aluno deve observar certos compromissos que dizem respeito ao seu comportamento e estilo de vida e concluir um determinado número de retiros de meditação.

Um Programa Especial de Formação de Professores é também mantido pelo *Manjushri Kadampa Meditation Centre*, Ulverston, Inglaterra, e pode ser realizado tanto presencialmente como por correspondência. Esse programa especial de estudo e meditação consiste em doze cursos fundamentados nos seguintes livros do Venerável Geshe Kelsang Gyatso Rinpoche: *Como Entender a Mente*; *Budismo Moderno*; *Novo Coração de Sabedoria*; *Solos e Caminhos Tântricos*; *Guia do Estilo de Vida do Bodhisattva*, de Shantideva, e seu comentário – *Contemplações Significativas*; *Oceano de Néctar*; *Novo Guia à Terra Dakini*; *As Instruções Orais do Mahamudra*; *Novo Oito Passos para a Felicidade*; *O Espelho do Dharma com Adições*; *Essência do Vajrayana*; e *Caminho Alegre da Boa Fortuna*.

Todos os Centros Budistas Kadampa são abertos ao público. Anualmente, celebramos festivais em muitos países ao redor do mundo, incluindo dois festivais na Inglaterra, nos quais pessoas do mundo inteiro reúnem-se para receber iniciações e ensinamentos especiais e desfrutar de férias espirituais. Por favor, sinta-se à vontade para nos visitar a qualquer momento!

Para mais informações sobre os programas
de estudo da NKT –IKBU ou para encontrar
o Centro Budista mais próximo de você,
por favor, acesse www.kadampa.org
ou entre em contato com:

## NO BRASIL

Centro de Meditação Kadampa Brasil
www.budismokadampa.org.br

Centro de Meditação Kadampa Mahabodhi
www.meditadoresurbanos.org.br

Centro de Meditação Kadampa Rio de Janeiro
www.meditario.org.br

Centro de Meditação Kadampa Campinas
www.budismocampinas.org.br

## EM PORTUGAL

Centro de Meditação Kadampa Deuachen
www.kadampa.pt

## *Escritórios da Editora Tharpa no Mundo*

Atualmente, os livros da Tharpa são publicados em inglês (americano e britânico), alemão, chinês, espanhol, francês, italiano, japonês e português (do Brasil e de Portugal). Os livros na maioria desses idiomas estão disponíveis em qualquer um dos escritórios da Editora Tharpa listados a seguir.

**Tharpa UK**
Conishead Priory
Ulverston
Cumbria, LA12 9QQ, Reino Unido
Tel: +44 (0)1229-588599
Web: tharpa.com/uk
E-mail: info.uk@tharpa.com

**Tharpa Estados Unidos**
47 Sweeney Road,
Glen Spey, NY 2737, EUA
Tel: +1 845-856-5102
Toll-free: 888-741-3475
Fax: +1 845-856-2110
Web: tharpa.com/us
E-mail: info.us@tharpa.com

**Tharpa África do Sul**
26 Menston Rd., Dawncliffe,
Westville, 3629, KZN
Rep. da Àfrica do Sul
Tel : +27 (0) 31 266 0096
Web: tharpa.com/za
E-mail: info.za@tharpa.com

**Tharpa Alemanha**
Chausseestraße 108,
10115 Berlim, Alemanha
Tel: +49 (030) 430 55 666
Web: tharpa.com/de
E-mail: info.de@tharpa.com

**Tharpa Ásia**
1st Floor Causeway Tower,
16-22 Causeway Road,
Causeway Bay,
Hong Kong
Tel: +(852) 2507 2237
Web: tharpa.com/hk-en
E-mail: info.asia@tharpa.com

**Tharpa Austrália**
25 McCarthy Road,
Monbulk VIC 3793, Austrália
Tel: +61 (0)3 9756-7203
Web: tharpa.com/au
E-mail: info.au@tharpa.com

**Tharpa Brasil**
Rua Artur de Azevedo, 1360
Pinheiros, 05404-003
São Paulo – SP
Brasil
Tel: +55 (11) 3476-2328
Web: tharpa.com/br
E-mail: contato.br@tharpa.com

**Tharpa Canadá (em ingês)**
631 Crawford Street
Toronto, ON M6G 3K1
Canadá
Tel: (+1) 416-762-8710
Fax: (+1) 416-762-2267
Web: tharpa.com/ca
E-mail: info.ca@tharpa.com

**Tharpa Canadá (em francês)**
835 Laurier est Montréal,
QC,H2J 1G2, Canadá
Tel: (+1) 514-521-1313
Web: tharpa.com/ca-fr/
E-mail: info.ca-fr@tharpa.com

**Tharpa Chile**
Av. Seminario 589, Providencia,
Santiago, Chile
Tél: +56 (9) 91297091
+56 22 9935053
Web: tharpa.com/cl
Email: info.cl@tharpa.com

**Tharpa Espanha**
Calle La Fábrica 8, Majadahonda
Madrid, 28221
Espanha
Tel.: +34 911 124 914
Web: tharpa.com/es
E-mail: info.es@tharpa.com

**Tharpa França**
Château de Segrais
72220 Saint-Mars-D'outillé,
França
Tél /Fax: +33 (0)2 52 36 03 89
Web: tharpa.com/fr
E-mail: info.fr@tharpa.com

**Tharpa Japão**
KMC Tokyo, Tokyo,
2F Vogue Daikanyama II,
13-4 Daikanyama-cho,
Shibuya-ku, Tóquio,
150-0034, Japão
Web: kadampa.jp
E-mail: info@kadampa.jp

**Tharpa México**
Enrique Rébsamen nº 406,
Col. Narvate Poniente
Cidade de México,
CDMX, C.P. 03020, México,
Tel & Fax: +52 (55) 56 39 61 80
+52 (55) 56 39 61 86
Web: www.tharpa.com/mx
Email: info.mx@tharpa.com

**Tharpa Nova Zelândia**
2 Stokes Road, Mount Eden,
Auckland 1024, Nova Zelândia
Tel: +64 09 631 5400
DD Mobile: +64 21 583351
Web: tharpa.com/nz
E-mail: info.nz@tharpa.com

**Tharpa Portugal**
Rua Moinho do Gato, 5
Várzea de Sintra
Sintra, 2710-661 – Portugal
Tel.: +351 219 231 064
Web: tharpa.pt
E-mail: info@tharpa.pt

**Tharpa Suécia**
c/o KMC Stockholm,
Upplandsgatan 18, 113 60
Estocolmo, Suécia
Tel: +46 (0) 72 251 4090
Email: info.se@tharpa.com

**Tharpa Suiça**
Mirabellenstrasse 1 CH-8048
Zurique, Suiça
Tel: +41 44 461 36 88
Web: tharpa.com/ch
E-mail: info.ch@tharpa.com

# *Índice Remissivo*

*a letra "g" indica entrada para o glossário*

## A



## B

**E**



**F**



**G**



**H**



**I**

## Q



## R



## S

# *Leituras Recomendadas*

Se você apreciou a leitura deste livro e deseja encontrar mais informações sobre o pensamento e a prática budistas, apresentamos alguns outros livros do Venerável Geshe Kelsang Gyatso Rinpoche que você poderá gostar de ler ou ouvir. Eles estão disponíveis pelas Editoras Tharpa Brasil e Tharpa Portugal.

**BUDISMO MODERNO**
**O Caminho de Compaixão e Sabedoria**

Ao desenvolver e manter compaixão e sabedoria na vida diária, podemos transformar nossas vidas, melhorar nossos relacionamentos com os outros e ver além das aparências, enxergando o modo como as coisas realmente existem. Dessa maneira, podemos solucionar todos os nossos problemas diários e realizar o verdadeiro sentido da nossa vida humana. Com compaixão e sabedoria, como as duas asas de um pássaro, podemos alcançar rapidamente o mundo iluminado de um Buda.

Você pode baixar gratuitamente o e-book do livro *Budismo Moderno* no site da Editora Tharpa.

**COMO TRANSFORMAR A SUA VIDA**
**Uma Jornada de Êxtase**

Um manual prático para a vida diária, que mostra como podemos desenvolver e manter paz interior, reduzir e interromper o modo como experienciamos nossos problemas, e como podemos promover mudanças positivas nas nossas vidas, que nos permitirão, por fim, experienciar felicidade profunda e duradoura.

Para uma versão e-book gratuita de *Como Transformar a sua Vida*, acesse o site da Editora Tharpa.

**COMPAIXÃO UNIVERSAL**
**Soluções Inspiradoras para Tempos Difíceis**

O coração dos ensinamentos de Buda são o amor e a compaixão incondicionais. Esta explicação inspiradora do popular poema budista *Treinar a Mente em Sete Pontos* revela métodos poderosos e abrangentes para desenvolvermos esses estados altruístas. Técnicas meditativas ancestrais, que têm sido testadas e aprovadas por séculos, são trazidas à vida e tornadas relevantes para as nossas experiências do dia-a-dia.

**NOVO OITO PASSOS PARA A FELICIDADE**
**O Caminho Budista da Bondade Amorosa**

Este livro inspirador explica como podemos transformar todas as dificuldades da vida em valiosos *insights* espirituais, através de meditar num dos ensinamentos mais amados do Budismo, *Os Oito Versos do Treino da Mente*, escrito pelo grande Bodhisattva tibetano Geshe Langri Tangpa. Esta sabedoria antiga está agora disponível para aqueles que buscam felicidade duradoura e um significado maior em suas vidas.

**GUIA DO ESTILO DE VIDA DO BODHISATTVA**
**Como Desfrutar uma Vida de Grande Significado e Altruísmo**

Este famoso e universalmente apreciado poema para a vida diária tem inspirado gerações de budistas e não-budistas desde que, no século VIII, foi escrito por Shantideva. Esta nova tradução, realizada sob a orientação do Venerável Geshe Kelsang Gyatso Rinpoche, transmite a grande lucidez e beleza poética do texto original, ao mesmo tempo que preserva todo o seu impacto e *insight* espiritual.

**CONTEMPLAÇÕES SIGNIFICATIVAS**
**Como nos Tornar um Amigo do Mundo**

Muitas pessoas têm o desejo compassivo de beneficiar os outros, mas poucas compreendem como realizá-lo efetivamente na vida diária. Os Bodhisattvas são amigos do mundo – eles possuem uma compaixão tão forte que são capazes de transformar todas as suas atividades diárias em meios para beneficiar os outros.

**CAMINHO ALEGRE DA BOA FORTUNA**
**O Caminho à Felicidade Suprema da Iluminação**

Todos nós temos o potencial para a autotransformação e uma capacidade ilimitada para o desenvolvimento de boas qualidades, mas para realizar esse potencial precisamos saber o que fazer a cada etapa da nossa jornada espiritual. Este livro oferece uma explicação detalhada do caminho completo à iluminação, com os ensinamentos de Buda apresentados passo-a-passo, tornando muito fácil para o leitor moderno colocá-los em prática. Um perfeito guia ao caminho budista.

**NOVO MANUAL DE MEDITAÇÃO**
**Meditações para Tornar nossa Vida Feliz e Significativa**

Este popular e prático manual possibilita-nos descobrir, por nós mesmos, a paz interior e a claridade mental que surgem da meditação. O autor explica, passo a passo, 21 meditações que conduzem a estados mentais cada vez mais benéficos e que, reunidas, formam o caminho budista completo à iluminação.

## MAHAMUDRA-TANTRA
## O Néctar Supremo da Joia-Coração

O Tantra é muito popular, mas pouquíssimas pessoas compreendem seu verdadeiro significado. Este livro explica como podemos alcançar a sublime união de êxtase e vacuidade, conhecida como Mahamudra – a verdadeira essência da meditação tântrica budista.

Para adquirir as nossas publicações, por favor, visite **Tharpa.com** ou entre em contato com a Editora Tharpa mais próxima (para uma lista das Editoras Tharpa em todo o mundo, ver páginas 169–171).

# *Encontre um Centro de Meditação Kadampa Próximo de Você*

Para aprofundar sua compreensão deste livro e de outros livros publicados pela Editora Tharpa, assim como a aplicação desses ensinamentos na vida diária, você pode receber ajuda e inspiração de professores e praticantes qualificados.

As Editoras Tharpa são parte da comunidade espiritual da Nova Tradição Kadampa. Esta tradição possui mais de 1.200 Centros e filiais em mais de 40 países ao redor do mundo. Todos os Centros e suas filiais oferecem aulas de estudo e meditação com base neste e em outros livros sobre Budismo moderno e meditação, ensinados por professores qualificados. Para mais detalhes, consulte ***Programas de Estudo do Budismo Kadampa*** (ver páginas 163–168).

Essas aulas proporcionam uma oportunidade especial para explorar os temas apresentados nos livros do Venerável Geshe Kelsang Gyatso Rinpoche e foram desenvolvidas para se adequarem confortavelmente ao estilo de vida moderno.

**Para encontrar o seu Centro Kadampa local, visite:**
**tharpa.com/br/centros**